KB069574

행동을 경영하라

행동변화를 통한 성과 창출

행동을 경영하라

행동변화를 통한 성과 창출

오세진 저

학지사

 저자가 행동분석(behavior analysis)이라는 학문을 접하게 된 지 30년이 넘었다. 행동분석이라는 학문 분야는 심리학의 한 분야로서, 인간 행동의 원리를 파악하고, 이 원리를 우리의 삶에 적용하여 우리가 보다 나은 삶을 누릴 수 있게 하는 데 목적을 두고 있다. 보다 구체적으로 저자는 인간 행동의 원리를 조직 상황에 적용하여 조직의 효율성을 높이는 데 목적을 두고 있는 '조직행동관리(Organizational Behavior Management)'라는 분야의 연구를 수행해 왔다. 또한 이 분야의 연구 내용과 방법론을 학부와 대학원 학생들에게 20년 이상 가르쳐 왔다.

 이 분야의 특징을 한마디로 표현하자면 심리학의 '과학적 접근'을 통한 조직 관리라고 할 수 있다. 물론 심리학의 다른 분야 또한 과학적 접근을 시도하고 있지만 이 분야는 Skinner의 행동과학(science of behavior)에 그 기초를 두면서 다른 전통적인 심리학과는 아주 극단적으로 차별화된 관점을 가지고 있다. 무엇보다도 이 분야는 '명료하고' '구체적인' 개념 및 방법의 적용을 통해 '실질적인' 성과를 성취하려고 한다.

이 분야가 우리나라에는 아직 널리 알려지지는 않았으나, 미국의 Fortune 500에서 Fortune 10에 이르기까지의 많은 회사에서는 이 분야의 내용과 방법론을 이용한 컨설팅 회사를 고용하여 수많은 성공 사례를 낳아 왔다. 이러한 성공적 사례가 가능했던 것은 조직의 효율성이 '추상적'인 개념의 적용보다는 '실제적'이고 '구체적'인 방법을 통해 보다 더 가능하기 때문이다. 실제로 이 분야의 원리를 적용하여 300~400% 생산성 향상을 이루어 내는 것이 어려운 일이 아니라는 사실은 많은 사례를 통해 알 수 있다.

이에 저자는 아직 우리나라에서는 생소한 행동분석에 기초한 조직 관리법을 널리 알리고, 좀 더 많은 조직에서 성공적인 조직 관리를 해 나갈 수 있는 초석이 되었으면 하는 바람에서 이 책을 저술하였다. 특히, 이 책은 저자의 미국 유학 시절 친구였던 Leslie Braksick 박사가 창립한 CLG(Continuous Learning Group)라는 컨설팅 회사에서 출판한 *Unlock Behavior Unleash Profits*라는 책에서 많은 아이디어를 가져왔으며, CLG가 사용하는 구체적인 컨설팅 방법론과 사례를 포함하고 있음을 알려 둔다.

이 책의 구성은 기초적인 행동분석의 원리 및 개념에 대한 소개, 그리고 이러한 원리와 개념이 조직에 어떻게 적용될 수 있는지에 대한 설명과 이와 관련된 사례를 싣고 있다. 독자는 깊은 심리학적 지식을 가지고 있지 않더라도 책에 서술된 기본적인 원리 및 개념을 잘 이해할 수 있을 것이라 믿으며, 또한 이를 바탕으로 관련 사례들을 쉽게 이해할 수 있을 것이다.

마지막으로 이 책이 나오기까지 많은 자료의 제공으로 도움을 준 미국 CLG사와 제11장에 있는 사례들을 정리하는 데 도움을 주신 CLG Korea의 이계훈 박사님께 감사의 마음을 전한다.

2016년 3월
저자 오세진

07
목표 설정과 조형 _ 155

08
변화를 위한 실행 _ 177

09
기업문화의 변화 _ 189

01

조직의 성패는 행동을 어떻게
운용하느냐에 달려 있다

리더는 성공하기를 원한다. 그 자신의 잣대에서뿐 아니라 다른
사람들의 시각으로부터도 그 성공을 인정받고 싶어 한다. 엄밀히
생각해 보면, 사실 리더의 성공이라는 것은 리더 자신의 능력에서
가 아니라 그들의 능력이 **다른 사람들을 통해 이루어지는** 일들로
결정된다는 점에 주목할 필요가 있다. 다음의 글은 미국의 한 기
업체 CEO의 말을 글로 옮겨 온 것으로, 리더로서의 행동에 대한
이해의 중요성에 대해 말해 주고 있다.

　저는 CEO의 역할이 진정 무엇인지를 제대로 모른 채 그 자
리에서 거의 3년의 시간을 보내왔습니다. CEO의 위치에서
여러 일을 지시하고 있었기에 저는 제가 그 일을 잘 해내고
있다고 착각하고 있었던 것이지요. 그 시절 저는 CEO로서 지
녀야 할 리더십에 대한 모델을 가지고 있지 않았습니다.
　CEO로서의 최고의 도전이 무엇인지를 생각해 볼 때, 사업
자체나 사업상의 전략적 부분이 그 도전이라고 할 수도 있겠
지만, 사실 그보다는 CEO로서의 지도력을 어떻게 올바른 방

법으로 발휘하느냐가 더 큰 도전이었습니다. CEO로서 어떤 일에 개입을 해야 할지, 혹은 개입하지 말아야 할지, 또 CEO로서 말하고 행동한 것들이 과연 어떤 의미를 지니고 있었는지를 스스로 이해하는 일이 사실 더 어려운 도전이었습니다. 지도자로서의 행동이 얼마나 큰 영향력을 미칠 수 있는지에 대해 저는 과소평가하고 있었습니다.

어떤 일을 같은 방식으로 계속해 나가면 똑같은 결과가 나올 수밖에 없다는 것을 이해하게 되었습니다. 결과에 있어서의 어떤 변화가 필요했다면, 이를 위해 무엇인가를 이전과는 다르게 해야 했습니다. 하지만 저는 강한 자의식을 가지고 있었고, 또 일도 웬만큼 성공적으로 해내고 있었기 때문에 새롭게 행동하는 것을 배우는 것은 무척 어려운 일이었습니다.

4년 전 그 시절 저는 CEO의 역할에 대한 제대로 된 이해나 실행이 부족한 상태였지만 제 스스로를 괜찮은 CEO라 생각했던 것 같습니다. 하지만 오늘 저는 그 역할에 대해 올바르게 이해한 바를 몸소 실행하면서 제 스스로를 정말 괜찮은 CEO라 말할 수 있다는 것을 아주 기쁘게 생각합니다.

—Chairman & CEO, Fortune 100 Company

이 CEO의 경험담에서 볼 수 있듯이, 그를 스스로 괜찮은 CEO라고 생각할 수 있게 된 것은 **리더로서 자신의 행동**이 조직의 목표를 달성하고, 필요한 올바른 행동을 이끌어 내는 데 결정적 역할을 한다는 사실을 이해했다고 생각하기 때문이다.

대부분의 많은 리더가 그러하듯이 리더는 더 나은 무엇인가를 위해 노력하며, 세상에 존재하는 다양한 일에 리더십을 발휘하고자 애쓰고 있다. 그럼에도 현실에서 일어나는 많은 일을 모두 잘 처리해 내는 것은 쉽지가 않은 일이다. 이를테면, 좋은 사람이라고 해서 일을 꼭 잘하는 것도 아니고, 리더라고 해서 항상 제대로 된 리더십을 발휘하는 것도 아니다. 또 직무수행 수준이 높은 사람들이 항상 돈을 더 받는 것도 아니며, 일하기 좋은 회사라고 해서 반드시 그 회사가 수익을 많이 내거나 오래 살아남을 회사라는 것이 보장되는 것도 아니다.

많은 리더가 이와 같은 현실에 어려워하고 있으리라 생각된다. 이 책을 읽고 그 내용을 잘 이해하게 되면 사람들이 어떤 행동을 할 때 왜 그러한 행동을 하게 되는지를 이해하게 되면서, 리더로서의 행동 또한 효율적으로 변화시킬 수 있게 될 것이다.

왜 이 책이 특별한가

리더십에 관한 수많은 책이 있지만 이 책은 과연 어떤 점에서 특별한 것인가? 저자인 나의 관점에서 볼 때, 대부분의 리더는 사람들이 말하고 행동할 때 왜 그렇게 말하고 행동하는지에 대해 이해하려고 노력해 본 적이 없다고 생각한다. 리더로서 해야 할 중요한 역할은 어떻게 하면 사람들이 바람직한 행동을 자발적으로 할 수 있도록 만들지에 대해 이해하고, 이를 바탕으로 높은 수준의 직무수행을 할 수 있게 함으로써 개인에게나 기업에 모두 좋은 결과를 가져다주게 하는 것이다. 어떤 조직에서든 사람들의 행동을 변화시키지 않는 한 어떠한 변화도 일어나지 않는다는 것을 명심해야 한다. 지금 우리는 인간 행동에 대해 이미 많은 지식을 가지고 있는데, 이 지식의 축적은 인간 행동에 대한 과학적 접근이 아니었으면 불가능하였을 것이다. 이 책의 많은 내용이 그 과학적 사고에 기초하고 있음을 밝혀 두고자 한다. 그러나 인간 행동에 대해 과학적으로 이해하는 것이 생각하는 만큼 그렇게 어려운 일은 아니다. 따라서 행동과학에 대해 올바르게 이해하고 이를 적용한다면 누구든지 훌륭한 리더십을 발휘할 수 있을 것이다.

행동과학에 대한 소개

이 책에 나오는 대부분의 내용은 행동분석(behavior analysis)이라는 심리학 분야에 그 기초를 두고 있다. **행동분석**은 인간 행동에 대한 과학적 연구를 의미하는 순수 학문 분야이고, 이를 기초로 한 **응용행동분석**(applied behavior analysis)은 행동분석의 순수 연구 분야에서 발견한 과학적 사실을 응용 장면에 적용하는 응용과학이라고 할 수 있다. 좀 더 세부적으로, 이 응용행동분석에서도 **조직행동관리**(Organizational Behavior Management)라는 분야가 있는데, 이 분야는 행동분석에서 밝혀진 다양한 과학적 발견점을 조직 상황에 적용하여, 조직 구성원들의 행동을 긍정적으로 변화시킴과 동시에 조직의 효율성을 높이고자 하는 목적을 가지고 있다.

사실 행동분석의 순수 연구 분야는 1세기 이상의 역사를 가지고 있다. 그러나 이를 기초로 한 응용 분야의 연구는 1950년대 이후에서야 시작되었고, 기업체나 산업 현장 그리고 정부 조직 등에 적용하기 시작한 것은 1960년대 후반이었다. 학문으로서의 체계화가 일찍 시작되었던 물리학이나 화학, 생물학과 같은 자연과학 분야와 비교하였을 때 행동분석은 역사가 짧긴 하지만 그럼에도 불구하고 단기간에 큰 발전을 이루었다고 할 수 있다. 이미 인간 행동의 학습 원리는 다양한 분야에 걸쳐 널리 알려져 있으며, 지난 40년 동안 수많은 기업이나 산업 현장에서 문제를 해결하는 데 적용되어 왔다. 앞으로 독자들이 읽게 되겠지만, 다양한 기업과 산업 현장에서 해결하기 어려웠던 고질적인 문제를 행동분석적인 원리를 적용함으로써 쉽게 해결한 사례가 많다.

과학적 사고와 지식의 필요성

행동과학에 대한 지식이 부족하면 눈에 보이는 것과 사실을 혼동하기 쉽다. 우리가 볼 수 있는 많은 현상 중에서 눈에 보이기에는 그럴듯해 보이지만 사실이 아닌 경우가 많이 있다. 예를 들면, 밤거리의 네온사인 불빛은 움직이는 것으로 보이지만 사실은 여러 개의 전등이 순차적으로 빠르게 점멸하고 있는 것이다. 이와 유사하게 조직 관리 상황에서 살펴볼 때, 처벌 위주의 관리를 하게 되면 통제가 잘 되는 것으로 보일 수 있지만 사실은 그렇지 않다. 그러나 처벌 위주의 관리는 우리 사회 전반에 걸쳐 만연해 있다. 이처럼 처벌 위주의 관리가 만연한 이유는 바로 앞에서 언급한 대로 사실이 아님에도 불구하고 처벌 위주의 관리가 효과적인 것으로 보이기 때문이다.

과학적 지식은 일반 상식과는 큰 차이가 있다. 다음에 나와 있는 네 가지 지식 습득 방법의 특성에 대해 알아보자.

- 권위: 사람들은 권위 있는 사람이나 매체가 전달하는 정보는 사실이라고 믿는다. 이를테면 TV나 신문에 나오는 내용, 그리고 유명인이나 전문가가 한 말은 사실이라고 믿는다.
- 의견 일치: 많은 사람이 어떤 현상에 대해 동일한 의견을 가지고 있다는 것을 확인하게 되면 사람들은 그것을 사실이라고 믿게 된다. 예를 들면, 주변의 여러 사람에게 물어서 모두 동일한 대답을 듣게 되면 사실이라는 확신을 가지게 된다.
- 개인적 경험: 사람들은 사실 여부에 대한 판단을 개인적인 경험에 비추어서 하게 된다. 예를 들어, 어떤 특정한 방법을 적용하고 결과가 잘 나오는 경험을 여러 차례 하게 되면 그 방법이 옳은 것이라고 생각하게 된다.
- 과학: 과학적 지식은 연구 대상이 되는 문제에 대한 '정확한 구체적 진술(precise specification)' '실험(experimentation)' 실험 결과에 대한 '분석(analysis)' 연구 결과에 대한 '재검증(replication)'을 통하여 습득된다.

이러한 방법 중에서 처음 세 가지 방법—권위, 의견 일치, 개인 적 경험—은 지식을 습득하는 일반적이고 상식적인 방법에 속한 다. 그러나 이 세 가지 방법이 우리가 주로 사용하는 방법이긴 하 지만 모두 상당한 오류의 위험에 노출되어 있다. 권위자들이 한 말이 사실이 아닌 경우도 흔히 있다. 예를 들면, 갈릴레오가 주장 한 지동설은 사실이 아니었다. 의견 일치가 된다고 해서 그것이 항상 옳은 것은 아니다. 미국 L.A. 흑인 폭동 사건에서 폭도들이 그 들 간에는 '의견 일치'가 있었지만, 그것이 옳은 일은 아니었다. 또한 '나'의 '개인적 경험'이 옳다고 생각하지만 항상 옳은 것만 도 아닌 것이 사실이다. 그러나 이러한 사실에도 불구하고 우리는 '상식적' 방법을 통하여 지식을 습득하려는 경향이 있다.

효율적인 조직 관리는 상식적인 수준에서는 이루어질 수 없다. 상식이 아닌 과학적 사고와 지식에 기초를 두어야 그 효율성을 보 장받을 수 있는 것이다.

인과관계에 대한 오해

어떤 현상에 대한 잘못된 결론을 내리게 되는 또 다른 이유는 인과관계(causation)와 상관관계(correlation)를 혼동하는 데 있다. 이 두 관계성에 대한 차이를 이해하지 못한다면 조직에서 발생할 수 있는 문제를 해결하려고 할 때 옳은 해결책을 얻을 수 없게 된다.

두 사건 사이에 상관관계가 있다고 하는 것은 두 사건이 같이 발생하는 것을 의미한다. 그러나 두 사건이 여러 차례 같이 발생하다고 해서 한 사건이 다른 한 사건의 원인이 된다는 것을 의미하지는 않는다. 예를 들면, 어떤 나라의 포장된 도로의 길이와 말라리아 환자 수 사이에 상관관계가 있다고 가정하자. 이 말은 포장된 도로가 많으면 많을수록 말라리아 환자 수가 적다는 것을 의미한다. 그렇지만 포장되지 않은 도로가 말라리아를 발생시키는 원인이라고 결론을 내리거나 모든 도로를 포장하면 말라리아가 발생하지 않게 된다는 결론을 내릴 수는 없다. 마찬가지로 어떤 기업에서 성과급을 도입하면서 품질 향상이 일어났다고 해서 성과급 도입이 품질 향상을 가져왔다는 결론을 쉽사리 내려서는 안 된다. 조직 구성원의 행동이나 어떤 현상의 원인을 올바르게 파악하는 것은 조직 관리에 있어 대단히 중요한 목표 중의 하나다. 왜냐하면 조직을 효율적으로 관리해 줄 수 있는 기법을 찾아 적용하기 위해서는 체계적이면서도 타당한 원인 파악이 우선되어야 하기 때문이다.

이러한 사실에도 불구하고 많은 기업이 다른 기업에서 성과가 있었다는 결론만을 맹목적으로 믿고 어떤 특정 경영 기법을 도입하여 문제 해결을 시도하려는 경향이 있다. 그러나 적용 기법과 결과 간의 인과관계에 대한 충분한 증거도 없이 그 기법을 적용하기 위해 엄청난 자금과 인력을 투자한다는 것은 상당히 위험한 일이다. 기업 경영 관련 잡지에서 이런 경영 기법과 관련된 사례는 수 없이 찾아볼 수 있다. 그러나 문제는 이러한 기법의 효과가 한두 해 정도만 지나면 처음에 나타났던 효과가 사라진다는 것이다. 이것이 바로 Tom Peter의 우수 기업 리스트에 올랐던 많은 기업이 1~2년 뒤에 그 리스트에서 사라지는 이유일 것이다. 그중 일부는 완전히 도산한 기업도 있다. Taleb는 그의 저서 *Fooled by Randomness: The Hidden Role of Chance in the Markets and in Life*에서 월 스트리트에서 얼마나 많은 주식 전문가가 그들의 뛰어난 성과에 대해 인정받다가 하루아침에 웃음거리로 전락할 수 있는지를 언급한 적이 있다. 즉, 능력이 뛰어난 것처럼 보였던 많은 주식 전문가가 사실은 그렇지 않고 그들의 뛰어난 성과가 단지 우연(randomness)에 의한 것이었던 경우가 많았던 것처럼 어떤 기업에 적용된 경영 기법이 처음 보기에는 효과적인 것으로 나타났더라도 사실은 그렇지 못한 경우가 흔히 나타난다는 것이다. 그 이유는 어떤 현상에 대한 '눈에 보이는(겉으로 보기에 원인처럼 보이는)' 원인과 '실제' 원인을 제대로 구별하지 못하는 데 있다.

오늘날의 경제 상황에서 조직 관리를 위해 과학적 태도를 취한다는 것은 실용적일 뿐만 아니라 경제적이라 할 수 있다. 만약, 우리가 비용-이득 측면에서 가장 효율적인 방법으로 상품이나 서비스를 개발하기를 원한다면 반드시 조직에서의 불필요한 부분을 제거하여야 한다. 이것은 반드시 과학적 태도를 가지고 현상 간의 신뢰할 수 있는 인과관계를 증명할 수 있을 때에만 가능한 것이다.

행동의 중요성

　기업의 성공 여부는 가치 있는 결과를 만들어 낼 수 있느냐의 여부로 결정된다. 예를 들면, 원자력 발전소가 전력을 생산해 낼 수 없다면 이윤 창출이 불가능할 것이고, 결국 그 발전소는 문을 닫을 수밖에 없다. 우리가 흔히 보듯이 정부 출연 기관이 방만한 운영으로 계속 적자 상태에 빠지게 되면 그 기관은 민영화될 수밖에 없다. 어떤 조직의 경영자든 적절한 성과를 내지 못하면 능력을 인정받을 수 없게 된다. 조직에 있어서 결과는 이만큼 중요한 것이다.

　그러나 조직에서 이루어 내는 모든 결과는 조직 구성원이 하는 행동의 산물이며, 어떤 결과든 누군가 무엇을 함으로써 나오게 된다는 사실을 간과해서는 안 된다. 따라서 만약 좀 더 나은 결과를 얻고 싶다면 먼저 조직 구성원의 **행동부터 변화시켜야** 한다. 그럼에도 불구하고 대부분의 조직은 '결과에 의한 관리(managing by results)'에 의존한다. '결과에 의한 관리'란 조직에서 나타나는 결과가 어떤가에 따라 여러 가지 의사결정을 하는 관리 방법을 말한다. 예를 들면, 한 해 동안의 생산성이 전년도에 비해 10% 감소했다는 결과가 나온 이후, 이 문제를 해결하기 위해 그 원인이 무엇이며, 생산성 증가를 위해 조직 구성원들의 임금 체계를 어떻게 변화시킬 것인가 등을 결정한다면 이것은 '결과에 의한 관리'라고 할 수 있다. 그러나 이 방법은 '수동적인(reactive)' 방법이며, 비효율적일 수밖에 없다. 결과란 항상 행동의 최종 산물이기 때문에, 결과가 나왔다는 것은 그 결과를 초래한 행동은 이미 발생한 상태인 것이다. 따라서 결과를 초래하게 된 행동이 무엇이었는지를 파악하더라도 이미 그 행동을 변화시킬 수는 없는 것이다. 즉, 결과에 의한 관리를 하게 되면 관리자들은 항상 어떤 문제가 발생하고 난 뒤에야 원인 파악에 나서게 될 수밖에 없고, 이 시점에서는 이미 어떤 것이든 돌이킬 수 없는 상황에 와 있게 되는 것이다.

이와는 대조적으로 보다 '적극적(proactive)' 관리 방법은 조직에서 성취하고자 하는 결과가 무엇인지를 미리 결정한 후 그 결과를 이끌어 낼 수 있는 행동이 무엇인지를 파악하여 이를 체계적으로 관리해 주는 방법을 말한다. 이런 관리 방법을 적용한다면 조직에서 원하는 미래의 결과를 만들어 나갈 수 있게 된다.

행동을 관리하면 성과는 따라온다

기업에서 가장 중요한 것은 구성원들의 **행동**이다. 행동 없이는 어떠한 조직도 가치 있는 결과를 만들어 낼 수 없다. 과거를 돌이켜 보면 조직의 효율성 향상을 위해 가장 많이 적용된 방법이 구조 조정을 통한 인원 감축, 재배치 등의 인력 변화라고 할 수 있다. 그러나 이 방법은 그 적용 비용이 높을 뿐만 아니라 효과 또한 부정적인 것으로 알려져 있다. 문제는 이 방법을 고안한 사람이나 혹은 적용하는 사람 모두 인간 행동의 기본 원리에 대한 지식이나 이해가 전혀 없다는 데 있다. 이들에게는 '사람'보다는 사람의 '행동'을 변화시킬 필요가 있다는 인식이 필요하다. 사람을 변화시킨다는 것과 사람의 행동을 변화시킨다는 것을 구별하는 것은 조직 관리에 있어서 매우 중요한 것이며, 이 둘을 구별할 수 있어야 조직을 효율적으로 관리할 수 있게 된다. 그럼에도 불구하고 많은 사람은 여전히 둘을 잘 구별하지 못하고 있는 실정이다.

국제적으로 치열한 경쟁을 해야 하는 현대 사회의 조직은 조직의 모든 측면에서 많은 변화를 필요로 하고 있다. 최근 조직 관련 정기간행물을 보면 조직 구성원들의 행동 변화의 필연성에 대해 많은 언급을 하고 있다. 그러나 내용을 잘 살펴보면 '행동' 변화의 중요성에 대해 언급하는 것 같아 보이지만 사실은 '결과'에 대한 언급을 하고 있는 경우가 대부분이다. 조직의 관리자들은 결과에 대한 책임을 질 수밖에 없는 그들의 위치 때문에 결과에 중점을 두는 것을 이해할 수는 있지만, 문제는 그들이 '행동 원리(behavioral principles)'에 대한 이해나 지식이 거의 없다는 데 있다. 이런 상황에서 관리자들은 달성해야 할 결과물에 대해 거듭 강조할 수밖에 없고, 부하 직원들에게 그 결과를 만들어 내도록 압력을 가함으로써 어느 정도의 성공을 거둘 수는 있다. 그러나 앞서 언급한 것과 같이 이러한 접근법은 재정적, 인적 측면에서 비효율적일 수밖에 없으며, 좋은 결과가 나타나게 된다는 보장도 할 수 없다. 이것보다는 결과를 이끌어 낼 수 있는 행동을 사전에 체계적으로 관리한다면, 보다 효율적으로 결과를 가져올 수 있게 된다.

변하지 않는 행동의 법칙

　행동에는 법칙이 있고 사람들의 행동이 이 법칙에 따라 움직인
다는 것은 어떻게 보면 아주 다행스럽다고 할 수 있다. 만약 우리
가 이러한 법칙에 대해 이해한다면 우리가 목표로 하는 중요한 일
들을 효과적으로 이루어 낼 수 있게 된다. 상식적으로 생각하면
사람들이 어떻게 행동할지를 예측하는 것이 불가능해 보이지만
행동분석적 관점에서 보면 전혀 그렇지만은 않다. 행동에 대해 예
측한다는 것은 생각보다는 쉬운 일이다. 예를 들면, 어릴 때 형성
된 습관이 어른이 되어서도 여전히 습관으로 남아 있다는 사실을
생각해 보면 행동을 예측하는 것이 그리 어렵지 않다는 것을 알
수 있다. 사람들이 오늘 어떤 행동을 할 것인지에 대해 예측할 수
있는 가장 좋은 방법은 그 사람들이 과거에 어떤 행동을 했는지를
알아보는 것이다. 소위 '습관' 혹은 '행동 패턴' 등을 통해서 사
람들의 행동을 쉽게 예측해 볼 수 있다.

　일반적으로 사람들은 행동에 법칙이 있다는 생각에 대해 부정
적 반응을 보이는 경우가 많지만 중력의 법칙이 있다는 사실에 대
해서는 전혀 그렇지 않다. 중력에 대한 과학적 이해가 우리의 생
활을 더욱 편리하게 해 주는 것과 마찬가지로 행동의 법칙에 대한
이해는 우리로 하여금 가정이나 직장에서 타인과의 상호작용을
효과적이면서도 만족스럽게 해 준다. 행동의 법칙을 이해하고 이
를 적용함으로써 우리가 많은 것을 얻을 수 있다는 사실은 마치

자연과학에서 밝혀진 많은 과학적 지식과 원리를 적용하여 우리의 생활을 더 편리하게 해 줄 수 있는 것과 다르지 않다.

행동의 정의 및 의미

행동(behavior)을 전문적으로 정의하자면 살아 있는 생물의 모든 활동이라고 할 수 있다. 행동은 좋을 수도 나쁠 수도 있고, 생산적일 수도 비생산적일 수도 있으며, 중요할 수도 사소할 수도 있다. 행동과학에서는 행동을 관찰하고 측정하는 것이 가능하다고 보고 있다. 행동을 관찰하고 측정하는 것이 가능하다는 것은 조직 관리에 있어서 큰 의미를 가진다. 그 이유는 관찰과 측정이 가능하다는 사실은 **행동을 관리하는 것이 가능하다는 것을 의미하기** 때문이다. 다시 말하면, 행동을 관리함으로써 궁극적으로 조직에 도움이 될 수 있는 **결과를 창출**할 수 있게 되는 것이다.

기업은 그 구성원의 행동을 통해 가치를 창출할 수 있다. 그러나 모든 행동이 가치가 있다는 의미는 아니다. 어떤 행동이 가치가 있는지 없는지는 상황과 맥락에 따라 달라질 수 있다. 어떤 기업에서 한 특정 행동이 가치가 있느냐 하는 것은 조직이 창출해내는 최종 산물(output)과 그 행동이 어떠한 관계를 가지고 있느냐에 달려 있다. 예를 들어, 어떤 조직의 최종 결과물이 상품의 판매라고 한다면, 판매량 증가에 기여할 수 있는 모든 행동은 가치가 있는 행동이라고 할 수 있다. 그러나 동일한 행동도 어떤 상황에서는 가치 있는 행동이 될 수 있고, 또 다른 상황에서는 그렇지 않을 수도 있다. 상대방에게 미소를 짓는 단순한 행동을 예를 들어 생각해 보자. 사무직의 경우, 같은 사무실에서 일하는 팀원에게 미소를 보내는 것이 물론 가치가 없다고 할 수는 없지만, 서비스 업종의 경우와 비교해 볼 때는 그 가치가 훨씬 낮다고 볼 수 있다. 반대로 서비스 업종의 경우, 이러한 단순한 행동도 상당한 가치를 지닐 수 있다. 실제로 이와 같은 단순한 행동을 변화시킴으로써 조직에 상당한 이득을 가져오게 한 사례는 수도 없이 많다. 고객에게 어떤 상품을 사도록 제안하는 것(upselling)이 그 한 예다. 예를 들어, 어떤 연구에서 밝혀진 것처럼 햄버거 가게에서 "감자튀김도 같이 주문하시겠어요?"라고 고객에게 물어보는 단순한 행동 하나가 햄버거와 더불어 감자튀김의 판매량 증가에 상당한 기여를 하였다. 이와 같은 단순한 행동은 그리 중요하지 않을 것이라고 쉽게 생각할지는 모르지만, 결코 간과할 일은 아니다.

하지만 단순한 행동이라고 해서 누구나 쉽게 할 수 있다는 것을 의미하지는 않으며, 이러한 행동이 나오도록 하게 하기 위해서는 체계적인 관리가 필요하다. 단순한 행동이기는 하지만 체계적인 관리를 하느냐 그렇지 않느냐에 따라 초래되는 결과는 상당한 차이가 나게 된다. 그렇다면 기업이 추구하고 있는 최종 결과물에 영향력을 미칠 수 있는 행동을 파악하는 것이 중요하다고 할 수 있다. 그러나 너무 많은 행동을 세세하게 파악하는 것은 물론 가능은 하겠지만 비실용적일 뿐만 아니라 아예 불필요한 경우가 많다. 본인이 맡은 직무를 능숙하게 수행하고 있는 사람들에게 그들의 행동을 지나치게 세세하게 관리하는 것은 좋지 못한 과잉 행위이며, 그 사람들이 하는 모든 행동을 일일이 감독할 필요도 없다. 이런 경우, 기업에서 추구하는 결과물을 창출해 내는 데 있어서 결정적 역할을 하는 몇몇 행동(High-Impact Behaviors^{SM})만을 파악함으로써 그 효율성을 높일 수 있다.

반면 초보자의 경우에는 새로 익혀야 할 것이 많기 때문에 많은 행동에 대해 세밀하게 파악을 해야 하며 행동 하나하나에 밀착하여 감독할 필요가 있다. 그러나 어떤 경우든 명심해야 할 것은 '옳은 행동'에 대한 핀포인팅(pinpointing, 핀포인팅이란 행동을 명확하게 객관적으로 서술함을 말한다. 핀포인팅에 대해서는 제4장에서 상세하게 다룰 것이다.)과 체계적인 관리가 필수적이라는 사실이다. 이 두 가지를 적절히 잘 관리할 수 있다면 기업에서 원하는 결과를 빠른 시간 안에 가져올 수 있다.

02

행동의 분석 I: E-TIP/D-TIP® 분석

앞서 강조한 바와 같이 기업의 리더에게 필요한 것은 행동에 대한 이해다. 조직에서 발생할 수 있는 다양한 행동이 과연 어떻게 나타나게 되는지 그 원인을 파악해 보는 것은 효율적으로 사람들을 관리하기 위해 반드시 필요한 일이라 할 수 있다. 이를 위한 한 가지 방법이 E-TIP/D-TIP® 분석(E-TIP Analysis®)이다. 이 분석을 위해서는 우선 ABC 모델에 대한 이해가 우선되어야 한다. ABC 모델에 대해서는 추후 보다 상세하게 다루겠지만, 간략하게 설명한다면 행동은 두 가지 원인에 의해 변화될 수 있다. 하나는 행동이 발생하기 이전에 존재하는 사건이 원인이 되어 행동을 변화시키는 것이고, 또 다른 하나는 행동의 발생 이후에 나타나는 사건이 원인이 되어 행동을 변화시키는 것이다. 행동의 발생으로 인해 나타나게 되는 행동 이후의 사건을 **결과**(Consequences)라고 하며, 행동에 앞서 나타나서 행동을 변화시키게 되는 사건을 **선행자극**(Antecedents)이라고 한다. [그림 2-1]은 선행자극, 행동 그리고 결과 간의 관계성을 보여 주는 ABC 모델을 보여 준다. ABC 모델에서의 A는 선행자극을 뜻하는 **A**ntecedents의 A, B는 행동을 뜻하는

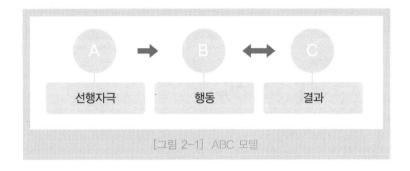

[그림 2-1] ABC 모델

Behavior의 B 그리고 C는 결과를 뜻하는 Consequences의 C를 의미한다.

E-TIP/D-TIP® 분석

E-TIP/D-TIP® 분석은 행동이 초래한 결과가 어떠한 특성을 가지고 있느냐에 따라 행동의 증가 혹은 감소가 나타나는데 이에 대한 원인을 분석하는 방법이다. E-TIP/D-TIP® 분석을 통해 행동을 분석해 보면 사람들이 일반적으로 많이 하는 '비이성적' 행동도 잘 이해할 수 있게 된다. 예를 들면, 건강에 나쁜 것을 알면서도 사람들은 왜 과음이나 흡연을 계속하는 것일까? 아마 과음이나 흡연이 건강에 좋다고 생각하기 때문에 계속하는 사람은 없을 것이다. E-TIP/D-TIP® 분석을 하게 되면 나쁜 줄 알면서도 계속하게 되는 이와 같은 비이성적 행동도 잘 이해할 수 있게 된다. 마찬가지로 직장에서 직장인들이 해야 할 일을 하지 않고 바람직

하지 못한 행동을 할 때 그 원인이 무엇인지에 대해서도 알 수 있게 된다.

E-TIP/D-TIP® 분석에 있어서의 첫 단계는 분석 대상이 되는 행동을 정하는 것이다. 앞서 언급한 흡연 행동을 대상으로 분석을 해 보도록 하자. 일단 흡연 행동을 분석 대상으로 삼았다면, 그다음 단계는 흡연 행동을 부추기는 선행자극으로는 어떤 것이 있을 수 있는지를 파악해 볼 필요가 있다. 〈표 2-1〉에 나와 있는 것과 같이 흡연자가 담배를 피우도록 부추길 수 있는 선행자극에는 여러 가지가 있을 수 있다. 예를 들면, 식사 후 누군가가 담배를 권하는 경우, 술을 마실 때 혹은 남들이 담배 피우는 것을 볼 때 등 다양한 자극이 흡연을 부추길 수 있다. 그렇다면 금연으로 이끌기 위한 한 가지 방법은 이러한 선행자극을 제거하는 것이 될 수 있을 것이다.

그러나 사실 이 방법은 실질적이지 못하다는 단점이 있다. 말하자면, 선행자극을 제거하기 위해 식사를 하지도 않고, 술을 마시지도 않고, 남들이 담배 피우는 것을 보지 않기 위해 눈을 감고 다닐 수도 없기 때문이다. 설사 이 중 몇 가지는 제거할 수 있다 하더라도 여전히 다른 선행자극이 남아 있을 수 있으므로 모든 선행자극을 제거한다는 것은 불가능한 일이다. 따라서 선행자극의 제거를 통한 금연 시도는 효과적이지 못하다고 할 수 있다.

그럼에도 흡연자들은 이러한 방법으로 금연을 시도하곤 하는데, 당연히 그 효과는 떨어지게 마련이다. 이를테면, 새해 아침에 많은 사람이 금연을 결심하고, 가족에게 금연하겠다는 약속을 함

으로써 금연을 시도한다. 또는 재떨이를 주변에서 없애는 노력도
한다. 그러나 이러한 시도는 흡연 행동에 앞서 존재하는 것이기
에 선행자극이라고 할 수 있고, 따라서 금연을 이끌어 내는 데 그
다지 효과적이지 못하다. 요약하자면, 선행자극의 조작을 통한
행동 변화는 대체로 효과적이지 못하다. 그렇다면 과연 무엇이
행동에 더 큰 영향을 미칠 수 있는가? 선행자극보다는 행동 이후
에 나타나게 되는 행동의 결과가 행동 변화에 더 큰 영향력을 발
휘한다.

〈표 2-1〉을 살펴보면 흡연 행동 이후에 올 수 있는 결과 또한
다양하다는 것을 알 수 있다. 어떤 것은 아주 사소한 결과일 수 있
고, 또 어떤 것은 중요한 결과 혹은 아주 치명적인 결과일 수도 있
다. 예를 들면, 흡연을 함으로써 긴장을 완화시킬 수 있는 결과가
있는 반면, 극단적으로는 죽음에 이르게 할 수 있는 결과도 있다.
다시 말해, 다양한 수준의 긍정적(Encouraging) 결과와 부정적
(Discouraging) 결과가 모두 있을 수 있다. 이러한 결과의 특성을
이용하여 흡연 문제에 대해 이해해 보도록 하자.

〈표 2-1〉 흡연 행동의 선행자극과 결과

선행자극	행동	결과
식사를 마침 옆 사람이 담배를 권함 술을 마심 남들이 흡연하는 것을 봄 휴식 시간	흡연	폐암의 발생 사망 주변으로부터의 핀잔 긴장 완화 담배 맛

긍정/부정의 차원

우선 결과들을 '흡연자의 관점'에서 볼 때 긍정적인(Encouraging: E) 것인지 부정적인(Discouraging: D) 것인지를 구분하는 것이 필요하다(〈표 2-2〉 참조). 결과 분석에 있어서 이 차원은 E-TIP/D-TIP® 분석에서의 E(D)에 해당된다. 다시 강조하지만, 반드시 행동을 하는 사람의 관점에서 결과를 구분하는 것이 중요하다. 〈표 2-2〉에서 보는 바와 같이 흡연을 함으로써 나타날 수 있는 결과는 긍정적인 결과보다 부정적인 결과가 더 많다는 것을 알 수 있다. 더구나 부정적인 결과의 대부분은 상당히 심각한 결과(예: 암의 발생)에 해당하는 경우가 많다. 당연한 말이지만, 사람들은 부정적인 결과보다는 긍정적인 결과를 더 좋아하며, 따라서 긍정적인 (Encouraging) 결과를 초래하는 행동은 더 많이 하게 되고 부정적인 (Discouraging) 결과를 초래하는 행동은 덜 하게 된다. 그렇다면 흡연 행동이 초래하는 결과가 부정적인 것이 더 많음에도 불구하고 사람들이 계속 흡연을 하는 이유는 무엇일까? 이것을 이해하기 위해서는 행동의 결과를 긍정적/부정적 차원에서뿐만 아니라 또 다른 차원에서도 분류해 볼 필요가 있다.

〈표 2-2〉 E-TIP/D-TIP® 분석

선행자극	행동	결과	결과에 대한 분석			
			효과 (Effect)	시간 (Timing)	중요성 (Importance)	확률 (Probability)
식사를 마침		폐암의 발생	부정적인	먼 미래	중요한	낮은
옆 사람이 담배를 꺼냄		사망	부정적인	먼 미래	중요한	낮은
술을 마심	흡연	주변으로부터의 편잔	부정적인	먼 미래	중요한	낮은
남들이 흡연하는 것을 봄		긴장 완화	긍정적인	가까운 미래	중요한	높은
휴식 시간		담배 맛	긍정적인	가까운 미래	중요한	높은

시간적 차원

  행동의 결과는 시간 차원(Timing: E-TIP/D-TIP®에서 T에 해당)에서 행동 이후 즉각적으로 나타나는 결과와 먼 미래에 나타나는 결과로 분류해 볼 수 있다. 흡연 행동의 즉각적 결과로는 주로 흡연하는 동안 나타나는 담배 맛이나 긴장 완화 등을 들 수 있고, 먼 미래에 나타나는 결과로는 흡연으로 인한 건강 악화 등을 들 수 있다. 여기서 쉽게 알 수 있는 것은 흡연의 긍정적인(흡연자가 좋아하는) 결과는 주로 즉각적으로 나타나고, 부정적인 결과는 주로 먼 미래에 나타난다는 사실이다(〈표 2-2〉 참조). 말하자면, 담배 맛을 느끼는 것이나 긴장이 완화되는 것과 같이 흡연자가 좋아하는(긍정적인) 결과는 즉각적으로 나타나는 반면, 건강 악화 등과 같은 좋지 않은(부정적인) 결과는 먼 미래에 나타난다는 것이다. 사람들의 행동은 일반적으로 먼 미래에 나타나는(Delayed) 결과보다는 가까운 시간 내에 나타나는(Timely) 결과에 의해 더 많은 영향을 받게 된다. 따라서 흡연으로 인해 나타날 수 있는 부정적인 결과가 아주 심각할 수 있음에도 불구하고, 시간적으로 멀리 떨어져 있기 때문에 흡연 행동에는 크게 영향을 미치지 못하게 되는 것이다. 즉, 흡연으로 인해 나타날 수 있는 부정적인 결과는 금연을 하는 데 도움이 크게 되지 않는 것이다. 이것은 마치 사람들이 결국 모두 죽게 되지만, 죽음이라는 것이 먼 미래의 일이기 때문에 사람들의 현재 행동에 대해 크게 영향을 미치지 못하는 것과 비슷하다. 반대로 담배 맛이나 긴장 완화와 같은 결과는 흡연자가 즐기는 긍정적인 결과인 동시에 즉각적으로 나타나는 결과이기 때문에 흡연 행동을 계속하도록 만드는 것이다.

중요성 차원

분석에 필요한 또 다른 차원은 행동의 결과가 행동을 하는 사람의 입장에서 볼 때 중요한 결과인지의 여부(Importance: E-TIP/D-TIP®에서 I에 해당)다. 만약 어떤 행동의 결과가 아무런 중요성이 없다면 이 결과는 행동에 영향을 미치지 않을 것이다. 반면에 그 결과가 매우 중요한(Important) 것이라면 행동에 큰 영향을 미치게 된다. 앞서 나온 흡연의 예에서 담배 맛이나 건강 문제 등은 담배를 피우는 사람에게 매우 중요한 것이므로 행동에 영향을 미칠 가능성은 높다고 하겠다.

발생 확률 차원

분석에 필요한 마지막 차원은 결과가 나타나게 될 확률(Probability: E-TIP/D-TIP®에서 P에 해당)이다. 즉, 흡연을 함으로써 나타날 수 있는 결과의 발생 확률이 높을 수도, 낮을 수도 있다. 흡연을 하면서 느끼는 담배 맛의 경우, 적당한 시간 간격을 유지하면서 흡연을 한다면 흡연할 때마다 담배 맛을 매번 느낄 수 있게 된다. 반면, 흡연으로 인해 건강 상태가 악화되는 결과는 그럴 수도 있고 그렇지 않을 수도 있다. 이를테면, 흡연을 한다고 해서 모든 사람이 폐암에 걸리는 것은 아닐 것이다. 일반적으로 사람들의 행동은 나타날 확률이 높은(Probable) 결과에 의해 크게 영향을 받게 되는 반면, 나타날 확률이 낮은(Unlikely) 결과에 의해서는 큰 영향을 받지 않게 된다.

지금까지 언급한 네 가지 차원에서의 분석을 종합해 보면, 사람들이 하는 어떤 특정 행동은 그 행동으로 인해 나타나는 결과가 E-TIP의 특성(긍정적, 가까운 미래, 중요함, 높은 발생 확률)을 가지고 있으면 증가하게 되고, D-TIP(부정적, 가까운 미래, 중요함, 높은 발생 확률)의 특성을 가지고 있으면 감소하는 경향이 있음을 알 수 있다. 또한 행동의 결과가 긍정적이라고 하더라도 TIP의 특성을 가지고 있지 않으면 행동에 큰 영향을 미치지 못한다. 마찬가지로 행동의 결과가 부정적이라고 하더라도 TIP의 특성을 가지고 있지 않다면 행동에 큰 영향을 미치지 못한다.

E-TIP/D-TIP® 분석의 적용

산업 현장에서 많이 볼 수 있는 불안전 행동(unsafe behavior)을 예로 들어 보자. 불안전 행동이란 사고를 유발할 수 있는 바람직하지 못한 행동 중의 하나인데, 이를테면 용접공이 보호안경을 착용하지 않고 작업하는 행동을 생각해 볼 수 있다. 작업자가 '보호안경을 착용하지 않으면', 작업할 때 '성가시지 않다(편리하다)'는 작업자 입장에서 볼 때 긍정적 효과(E)가 있다. 그리고 이러한 편리함이라는 긍정적 결과는 즉각적이고(T) 중요한 것(I)일 뿐만 아니라 작업을 할 때마다(P) 느끼게 된다. 따라서 편리함이라는 이 결과는 작업자의 '보호안경을 착용하지 않는 행동'을 증가시키게 하는 경향이 있다. 물론 '보호안경을 착용하지 않는 행동'은 편리함이란 긍정적인 결과만을 가져오는 것은 아니다. 어떤 돌발적 상황이 발생하게 되었을 때 눈을 다칠 수 있다는 부정적 결과(D)도 올 수 있다. 그러나 이러한 부정적 결과는 당장 오는 것도 아니며(D) 그 발생 확률도 아주 낮은 것이다(U). 그러므로 이 결과는 부정적인 것이기는 하지만 행동을 감소시키기에는 **충분한 영향력을 발휘하지 못한다.** 따라서 작업자는 보호안경을 착용하지 않는 행동을 더 많이 하게 된다.

이와는 대조적으로 바람직한 행동이라고 할 수 있는 '보호안경 착용 행동'을 생각해 보자. 작업자가 보호안경을 착용하면 착용하지 않을 때보다는 작업을 할 때 불편함을 느끼게 되는 부정적 결과(D)가 나타난다. 그리고 이 불편함이라는 부정적 결과는 즉각적(T)이면서도 중요하며(I), 매번(P) 느끼게 되기 때문에 '보호안경 착용 행동'을 감소시키는 경향이 있다. 그리고 '보호안경 착용 행동'이 가져올 수 있는 긍정적인 결과는 만약의 사태에 눈을 보호할 수 있다는 것이다. 그러나 이 긍정적인 결과는 보호안경을 착용하자마자 느낄 수 있는 것은 아니며 보호안경을 착용할 때마다 나타나는 결과도 아니다. 따라서 긍정적인 결과이기는 하지만 '보호안경 착용 행동'을 증가시키기는 어렵다.

추측하건대, 많은 리더가 경험할 수 있는 일 중의 하나가 '사람들은 새로운 변화를 두려워하고 싫어한다'라는 것이 아닐까 싶다. 이를테면, 기업 내에서 무엇인가를 새롭게 변화시키려고 하면 직원들이 이를 거부하려는 반응을 흔히 보인다. 이것을 전문 용어로는 '변화에 대한 저항(resistance to changes)'이라고 한다. 이러한 현상도 E-TIP/D-TIP® 분석을 통해 이해할 수 있다. 사람들이 변화에 맞추어서 무엇인가 새로운 것을 배우고 새로운 행동을 하게 되면 그 행동이 숙달될 때까지 자연히 실수도 많이 하게 되고 시간도 더 걸리게 된다(즉, 즉각적으로 매번 부정적인 결과를 경험한다.). 반면에 변화하지 않고 과거의 행동을 계속하면 실수도 적고 일을 빨리 끝낼 수 있다(즉, 즉각적으로 매번 긍정적인 결과를 경험한다.). 따라서 새로운 변화에 맞추어 행동하게 되면 충분히 시간이 흐른 뒤에는 더 효율적으로 일을 할 수 있는 긍정적인 결과가 올 수 있지만 이것은 여전히 미래의 일이기 때문에 사람들은 새로운 변화에 대해 적극적으로 반응하기가 어려운 것이다. 반면, 사람들이 과거부터 해 왔던 행동을 계속하게 되면 편안하고, 실수 없이 일을 할 수 있다는 편리한 결과가 즉각적으로 항상 나타나기 때문에 과거의 행동을 계속하려는 경향이 있는 것이다.

E-TIP/D-TIP® 분석의 핵심은 바로 즉각적이고 확실하게 일어나는 결과가 행동에 큰 영향력을 미친다는 것이다. 즉, 아무리 좋고 대단한 결과라고 하더라도 이것이 즉각적으로 나타나는 것이 아니거나 나타날 확률이 낮은 경우에는 즉각적으로 확실하게 일어나는 작은 결과에 비해 효과가 크지 못하다는 것이다. 그러나 불행하

게도 많은 기업에서 적용하고 있는 관리 방법이 E-TIP/D-TIP®
분석에 의하면 행동을 효과적으로 바꾸기 힘든 특성을 가지고 있
다. 이를테면, 보너스 지급, 승진, 임금 인상 등과 같은 방법은 누
구나가 좋아할 수 있는 긍정적인 보상임에도 불구하고 효과적인
방법이 되지 못한다. 예를 들어, 연말 보너스는 직장인들에게 긍
정적이지만 연말에 지급되는 것이기 때문에 현재 시점에서 보면
즉각적인 결과가 아니며, 지급 여부가 확실하지 않기 때문에 그
효과는 다분히 제한적이다.

　기업에서 흔히 사용하는 부정적인 방법들 또한 효과적이지 못
하다. 이를테면, 해고, 승진 탈락 등을 들 수 있는데, 이러한 것들
은 즉각적이지 않으며, 확실히 나타나는 결과도 아니기 때문에
효과가 클 수 없다. 따라서 앞에서 언급된 여러 방법은 긍정적이
든 부정적이든 직장인의 행동을 좋은 방향으로 변화시키기에 충
분하지 못한 것이다.

03

행동의 분석 II: ABC 모델

　이 장에서는 제2장에서 E-TIP/D-TIP® 분석을 위해 간략하게 설명하였던 ABC 모델에 대해 보다 상세하게 설명하고자 한다. 기업에서 직원들을 잘 관리하여 최대의 성과를 이루고자 한다면 그 핵심 요소인 직원들의 행동에 대한 이해가 우선되어야 한다. 그리고 이를 위해서는 ABC 모델을 이해하는 것이 필요하다. ABC 모델이 의미하고 있는 것은 모든 행동은 **행동에 앞서 존재하는 자극**과 **행동 이후에 나타나게 되는 자극** 모두에 의해 영향을 받을 수 있다는 것이다. 사람들은 자신의 내부와 외부 환경에서 나타나는 선행자극(A)에 반응하여 어떤 행동(B)을 하고, 이 행동은 다시 어떤 결과(C)를 가져온다. 예를 들어, 과자가 접시에 담겨 있다고 한다면 이 과자(A)는 과자를 보는 사람으로 하여금 과자를 먹는 행동(B)을 하도록 하고, 이 행동은 과자를 먹은 사람이 과자 맛을 느끼게 되는 결과(C)를 가져다준다. 이러한 A와 B, 그리고 C의 관계성은 [그림 2-1]에 나와 있다. 또한 어떤 행동으로 인해 나타나게 되는 결과는 다음에 나타나게 될 행동에 대한 선행자극의 역할을 할 수도 있다. 즉, 과자를 먹고(B) 과자 맛에

만족감(C)을 느끼게 되면, 이 만족감(A)은 다시 과자를 먹는 행동을 하게 만드는 선행자극의 역할을 하게 되는 것이다. 아마 여러분도 감자칩과 같은 과자를 한번 먹기 시작하면 손을 떼지 못하고 계속 먹게 되었던 경험이 있으리라 짐작된다. 이것은 과자를 먹을 때 그 결과로서 나타나는 과자 맛이 선행자극으로 작용하여 다시 과자를 먹는 행동을 유발하고 이 행동은 다시 과자 맛을 느끼게 하는 결과를, 그리고 이 결과는 또다시 과자를 먹는 행동을 유발하는 선행자극의 역할을 하게 되는 식으로 그 과정이 계속 반복되어 나타나는 현상이다.

방금 설명한 것과 같이 선행자극과 결과는 둘 다 행동에 영향을 미친다. 그러나 선행자극(A)과 결과(C)가 행동에 미치는 영향력이 동일하지는 않다는 것을 이해하는 것이 중요하다. 간단히 말하자면, 선행자극이 행동을 유발할 수 있느냐의 여부는 행동이 초래하는 결과가 어떤가에 달려 있다고 할 수 있다. 예를 들어, 접시에 담겨 있는 과자(A)가 있을 때 그 과자를 먹고(B) 맛이 없었다고 느낀다면(C) 접시에 담겨 있는 과자(A)는 먹는 행동을 다시 유발하지 못하게 될 것이다. 반면, 만약 과자 맛이 좋았다면 접시에 담겨 있는 과자는 먹는 행동을 또다시 유발할 수 있게 된다.

즉, 선행자극이 행동에 미칠 수 있게 되는 근본적인 이유는 행동이 초래하는 결과에 있는 것이다. 따라서 행동을 변화시키는 데 있어서 선행자극보다는 행동의 결과가 더 큰 역할을 한다고 할 수 있다. 그럼에도 불구하고 일반적으로 사람들의 행동을 변화시키려고 할 때 결과보다는 선행자극을 이용하는 경향성이 높다. 그리고 이 경향성은 조직 관리 상황에서 더 강하게 나타난다. 그러나 이 방법만으로는 조직을 효율적으로 관리할 수 없다는 것을 명심해야 한다. 이는 마치 흡연은 건강에 나쁘니 금연하라는 의사의 말에도 불구하고 금연하기가 어려운 것과 마찬가지다. 미리 강조하자면, 조직의 효율적 관리를 위해서는 행동이 초래하는 결과에 대한 이해와 고려가 무엇보다도 중요하다.

행동의 결과

행동의 결과는 행동 뒤에 나타나게 되는 사건으로서 미래에 그 행동이 다시 일어날 가능성을 변화시키게 된다. 이러한 행동의 결과에는 자연 발생적인 것도 있으며, 인위적인 것도 있다. 앞에 나왔던 E-TIP/D-TIP® 분석을 위해 예로 들었던 흡연 행동의 경우, 흡연으로 인해 나타나는 긴장감 완화나 담배 맛 등의 결과는 자연 발생적인 것이라고 할 수 있다. 반면에 흡연자 주변의 사람들이 흡연 행동에 대해 벌금을 물린다면, 이것은 인위적인 결과에 해당된다. 그러나 행동의 결과가 자연 발생적이든, 인위적이든 관계없이 긍정적이고, 즉각적이면서 발생 확률이 높은 결과는 앞서 나오는 행동을 증가시키며, 부정적이고, 즉각적이면서 발생 확률이 높은 결과는 행동을 감소시킨다.

그렇다면 기업에서 직원들의 행동이 초래하는 자연적인 결과뿐만 아니라 인위적으로 제공할 수 있는 결과에 어떤 것이 있는지를 알아보고 이러한 결과가 구성원들의 행동에 어떻게 영향을 미칠 수 있는지를 파악해 보는 것이 중요해진다. 따라서 행동의 결과에는 기본적으로 어떠한 종류가 있는지, 그리고 그 특성들은 무엇인지 살펴보도록 하자.

네 가지 종류의 결과

이미 여러 차례 언급한 것과 같이 행동의 결과는 행동을 증가시키거나 감소시킨다. 행동을 증가시키는 결과에는 **정적 강화인**(postive reinforcer)과 **부적 강화인**(negative reinforcer)이 있고, 행동을 감소시키는 결과에는 **정적 처벌인**(positive punisher)과 **부적 처벌인**(negative punisher)이 있다([그림 3-1] 참조).

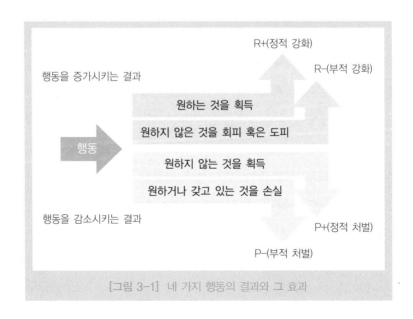

행동을 증가시키는 결과

R+(정적 강화)

R-(부적 강화)

행동

원하는 것을 획득

원하지 않은 것을 회피 혹은 도피

원하지 않는 것을 획득

원하거나 갖고 있는 것을 손실

행동을 감소시키는 결과

P+(정적 처벌)

P-(부적 처벌)

[그림 3-1] 네 가지 행동의 결과와 그 효과

정적 강화와 부적 강화

정적 강화와 부적 강화는 둘 다 행동을 증가시킨다는 점에서는 동일하다. 그러나 행동을 증가시키는 과정에 있어서는 차이가 있다. 정적 강화(positive reinforcement)란 어떤 행동이 나타난 후 어떤 자극이 **제공됨**으로써 행동이 증가하는 과정을 말하는 것이며, 이때 제공되는 자극을 정적 강화인(positive reinforcer)이라고 한다. 일반적으로 정적 강화인은 행동을 하는 사람이 원하는 자극(즉, 긍정적인 결과)인 경우가 많다. 반면 부적 강화(negative reinforcement)는 행동어 나오게 되면 이전에 이미 존재하고 있었던 어떤 자극이 **없어짐**으로써 행동이 증가하게 되는 과정을 말한다. 이때 없어지게 되는 자극을 부적 강화인(negative reinforcer)이라고 한다. 부적 강화인은 일반적으로 행동하는 사람이 싫어하는 부정적(혐오적) 자극이라고 할 수 있다. 정적 강화의 예로서는 어떤 회사에서 출근 시간에 늦지 않고 정시에 출근하는 사원에게 커피와 도넛을 제공하였더니 정시에 출근하는 사례가 늘어나는 경우를 들 수 있다. 반면 부적 강화의 예로서는 지각하는 사원들에게 관리자가 늘 잔소리를 했더니 정시에 출근하는 사례가 늘어나는 경우를 들 수 있다. 즉, 정시에 출근하게 되면 듣기 싫은 관리자의 잔소리를 듣지 않게 됨으로써 정시 출근 행동이 증가하게 되는 것이다.

우리가 의식을 잘하지 못할 수 있지만, 우리가 일상생활에서 하

게 되는 모든 행동은 하루하루 강화되기도 하고 또는 약화되기도
한다. 마찬가지로 기업의 직원들이 하는 모든 행동도 끊임없이 강
화되거나 또는 약화된다고 할 수 있다. 사실 직원들이 하고 있는
거의 모든 행동은 정적 강화나 부적 강화의 결과라고 볼 수 있으
며, 이러한 행동을 증가시키거나 유지시키는 강화인은 상사나 동
료에게서, 혹은 직무를 수행하는 것 자체에서 올 수 있다. 이를테
면, 어떤 직원이 열심히 일하는 행동은 이에 대한 상사나 동료의
인정(recognition) 때문일 수도 있고, 또는 일 자체에서 오는 즐거
움 때문일 수도 있다. 따라서 조직에 이득이 되는(혹은 해가 되는)
행동 뒤에 어떠한 결과가 제공되고 있는지를 분석하는 것은 직원
들의 수행 관리에 있어서의 핵심이라고 할 수 있다.

정적 강화와 부적 강화의 특성

부적 강화가 어떤 행동을 증가시키는 이유는 사람들이 그러한
행동을 함으로써 부정적인 결과가 나타나는 것을 방지하거나 혹
은 이미 존재하고 있는 부정적인 상황에서 벗어나게 해 주기 때문
이다. 부적 강화의 예는 우리 주위에서 수없이 많이 찾아볼 수 있
다. 방안이 추울 때 우리는 문을 닫는다. 즉, 문을 닫음으로써(행동
을 함으로써) 추운 것에서 벗어날 수 있는 것이며(부정적인 상황에
서 벗어나게 됨), 이는 부적 강화에 해당된다. 이때 문을 닫는 행동
은 도피(escape) 행동이라 할 수 있는데, 도피 행동이란 이미 존재

하는 부정적인 상황을 없애 주는 행동을 의미한다. 이와 대조적으로 회피(avoidance) 행동이란 부정적인 상황(결과)이 오는 것을 사전에 방지하기 위해 하는 행동을 말한다. 앞의 예를 다시 들어 설명하면, 방안이 추워지기 전에 미리 방문을 닫는다면 이것은 회피행동이 되는 것이다. 이러한 차이가 있긴 하지만 도피 행동이든 회피 행동이든 모두 부적 강화에 의해 나타나는 행동이라는 점은 동일하다.

기업 상황에서도 부적 강화에 해당하는 예는 수없이 많이 찾아볼 수 있다. 아마 대부분의 직장인은 회사에 늦지 않으려고 노력할 것이다. 그런데 그 이유는 과연 무엇일까? 정시에 출근하면 상사가 칭찬을 해 주기 때문에? 혹은 커피와 도넛을 공짜로 먹을 수 있기 때문에? 이런 이유보다 더 가능성이 높은 이유는 아마 회사에 늦게 되면 상사의 잔소리를 듣게 되기 때문일 것이다. 즉, 늦지 않고 정시에 출근하면 상사의 잔소리를 '회피'할 수 있기 때문에 늦지 않으려고 노력하는 것이다. 직장에서 볼 수 있는 많은 에피소드는 사실 부적 강화에 해당된다고 할 수 있다. "정년 때까지 붙어 있으려면 열심히 해야 돼." "마감 시일까지 보고서 마무리 못하면 어떻게 되는지 알아?" "작년보다 판매량이 떨어지면 시말서 써야 돼." 등과 같은 말들을 흔히 들을 수 있다는 것은 직장에서 부적 강화가 만연되고 있다는 사실을 보여 준다. 즉, 사람들이 하는 많은 행동은 부정적인 결과를 회피하기 위해 하는 행동인 경우가 많다는 것이다. 이러한 부적 강화의 문제점은 사람들이 부정적인 결과를 회피할 수 있는 최소한의 행동만을 하게 만들고 더 이상의 노력을 하지 않게 된다는 것에 있다.

널리 알려진 품질 관리 전문가 Deming 또한 부적 강화라는 용어를 사용한 것은 아니지만 부적 강화의 문제점을 지적한 바 있다. 그가 주장한 것들 중의 하나가 품질 관리를 위해 목표나 기준을 설정하지 말라는 것이었다. 그 이유는 어떤 목표나 기준이 설정되어 있다는 것은 대부분의 경우, 이 목표나 기준을 달성하지 못할 때 부정적인 결과가 온다는 것을 암시하고 있기 때문이다. 따라서 사람들은 목표나 기준을 달성하려고 노력은 하지만 일단 이것들이 달성되면 더 이상의 노력을 하지 않는다는 것을 Deming은 수없이 경험하였기 때문에 이러한 주장을 하였던 것이다.

또 한 가지 Deming이 한 말 중에는 '공포감을 몰아내라(Drive out fear)'라는 것이 있다. 이 말은 '공포감을 조성하는(Drive in fear)' 방법으로 직무수행관리를 하는 기업은 효율성이 높을 수 없다는 것을 의미한다. 그러나 부적 강화에 의해 나타나는 문제점은 여기서 그치지 않는다. 쉽게 짐작할 수 있듯이 부적 강화는 일종의 두려움이 있어야 효과적일 수 있다. 예를 들면, 승진 누락에 대한 두려움, 정리 해고에 대한 두려움 등이 있을 때 사람들은 이런 일이 일어나는 것을 '회피'하기 위해 일을 한다.

그런데 문제는 두려운 결과를 회피하기 위해 때로는 거짓 보고, 부정행위 등의 비윤리적 행위와 같은 극단적인 행동까지 나타날 수 있다는 사실이다. 회사원들이 자신의 할당량 혹은 예산 맞추기를 위해 숫자를 조작하는 일은 사실 드문 일이 아니다. 심지어는 안전사고 발생과 같은 심각한 문제를 상부에 숨기기도 한다. 이런 모든 일은 부적 강화에서 나타날 수 있는 부작용인 것이다. 그리고 조직에서 볼 수 있는 높은 결근율이나 이직률, 그리고 사기 저하 문제 등은 사실 부적 강화와 깊은 관련이 있을 수 있다.

정적 강화는 부적 강화에 비해 많은 장점을 가지고 있다. 이는 지난 50여 년 동안 수행된 수많은 연구에서 증명되어 왔다. 사람들은 부적 강화보다 정적 강화를 더 선호하며, 심지어 정적 강화를 적용하는 리더들을 좋아하게 된다는 사례도 수없이 많다. 관리 전략으로서의 정적 강화는 위협이나 불안감 등과 같은 부정적 방법을 사용하지 않는다. 바로 이 이유 하나만으로도 우리는 정적 강화에 대해 관심을 가질 필요가 있다. 정적 강화가 어떠한 장점을 가지고 있는지 구체적으로 살펴보도록 하자.

정적 강화는 바람직한 부작용(?)을 가져온다

정적 강화는 리더와 부하직원의 관계성을 향상시킨다. 또한 정적 강화는 높은 직무 만족 및 사기, 조직에 대한 높은 충성도 등을 가져올 수 있다. 따라서 정적 강화를 올바르게 적용하면 장기적인 측면에서 눈에 띄는 긍정적인 변화를 가져올 수 있게 된다.

대부분의 문제는 동기 부족에서 온다

기업에서 발생하는 문제는 크게 두 가지 원인에 기인한다. 하나는 사람들의 능력 부족(can't do)이며, 또 다른 하나는 동기 부족 (won't do)이다. '능력 부족(can't do)'의 문제는 훈련과 같은 선행 자극의 적절한 활용으로 해결이 가능한 반면, '동기 부족(won't do)'의 문제는 행동에 대한 적절한 결과의 제공으로 동기부여를 해야만이 해결이 가능하다.

대부분의 사람은 자신이 원한다면 현재보다 더 열심히 일 할 수 있다는 것을 인정한다고 한다. Yankelovich와 Immerwahr가 1983년에 작성한 「미국의 경쟁력 회복에 관한 공개 보고서(The Public Agenda Report on Restoring America's Competitive Vitality)」에 의하면 자기가 할 수 있는 최대의 역량을 다해 일하고 있다고 느끼는 사람은 전체 노동 인구의 4분의 1도 되지 않는다고 한다(23%). 바꾸어 말하면, 노동 인구의 대부분은 자신의 현재 직무수행 수준보다 더 잘할 수 있다고 느낀다는 것이다. 즉, 대부분의 사람이 더 잘 할 수 있음에도 불구하고 그렇게 하고 있지 않다는 말이다. 2003년도에 실시한 어느 여론 조사에 의하면 응답한 노동자 중 75%가 향후 1년 이내에 이직을 희망하는 것으로 나타났다. 이러한 현상은 사람들의 동기 부족 현상과 깊은 관련이 있다. 이런 사실로 미루어 볼 때, 기업의 성공 비결은 사람들이 열심히 최선을 다해 일하고 싶어 하는 환경을 만들어 나가는 것이며, 그 환경 조성은 리더의 몫이 된다.

사람들은 정적 강화를 추구한다

일상 경험뿐만 아니라 심리학적 연구를 통해서도 알 수 있는 것은 사람들은 누구나 정적 강화인을 얻고 싶어 하고 그것을 얻기 위해 많은 것을 할 수 있다는 사실이다. 열심히 피아노 연습을 하는 어린이는 자신의 연주회에서 받는 박수갈채와 찬사로 더욱더 열심히 연습하게 된다. 나이 어린 육상선수도 대회에서 상을 받음으로써 더욱더 열심히 운동을 하게 된다. 요리사는 맛나게 먹어 주는 사람들이 있기 때문에 더 열심히 요리를 개발한다. 학생들은 새로운 지식을 습득해 나가는 재미가 있기 때문에 더욱더 열심히 공부하게 된다. 이 모든 예에서 알 수 있는 것은 사람들은 정적 강화인을 좋아하며, 이를 얻기 위해 행동한다는 사실이다. 직장에서 일하는 직장인들도 예외가 될 수 없다.

심리학의 동기이론(theories of motivation) 중에서 가장 많이 알려진 이론이 Abraham Maslow의 욕구위계(hierarchy of needs)이론이다. Maslow는 이 이론에서 인간이 가지고 있는 다양한 욕구에 대해 설명하였는데, 그 욕구의 범위는 먹고 마시고 싶어 하는 기본적인 욕구에서부터 자존심(esteem)이나 자아실현(self-actualization)과 같은 고차원적인 욕구까지 다양하다는 사실을 강조하였다.

Maslow가 말하는 이러한 다양한 종류의 욕구는 우리가 추구하는 다양한 종류의 강화인이라고 해석할 수 있다. 그러나 더 중요한 것은 우리가 추구하는 강화인의 종류는 Maslow가 언급한 욕구의 종류보다 훨씬 많으며, 사람에 따라 추구하는 강화인의 종류가 제각각 다를 수 있다는 사실이다. 돈은 많은 사람이 추구하는 강화인이라 할 수 있겠지만, 어떤 사람에게는 돈보다는 다른 어떤 것이 더 중요할 수도 있다. 예를 들면, "아무리 돈을 많이 받을 수 있다 해도 그 일은 하고 싶지 않아." 혹은 "내가 지금 이 일을 하는 것은 돈 때문이 아니야."와 같은 말은 사람에 따라서 추구하는 강화인의 종류가 다르다는 것을 말해 준다. 또한 보수 없이 일하는 수많은 자원봉사자를 보더라도 사람들이 추구하는 것이 돈이라는 강화인만은 아님이 분명하다. 즉, 강화인에는 돈과 같은 물질적인 강화인도 있지만, 또 다른 다양한 심리적 강화인도 함께 존재한다.

따라서 기업에서 사람들을 잘 관리하기 위해서는 사람들이 추구하는 강화인이 무엇인지를 파악하는 것이 매우 중요하게 된다. 기업에서 직원을 관리할 때 흔히 저지르기 쉬운 실수 중의 하나가 '돈이면 무엇이든 된다'라는 식의 사고다. 그러나 사람들이 추구하는 것은 돈만이 아니라 자기존중감(esteem), 남들로부터의 인정(recognition), 일에 대한 성취감, 다른 구성원과의 원만한 관계 등과 같은 다양한 심리적 강화인이 있다는 것을 알아야 한다. 어떤 경우에는 아무런 금전적 보상이 없이 상사의 칭찬이나 상사에게 인정을 받는 것만으로도 부하직원의 입장에서는 또다시 흔쾌한 마음으로 열심히 일하게 되는 충분한 보상이 될 수 있다. 어느 여론조사의 결과에 따르면 응답한 미국 노동자의 63%가 자신이 하는 일에 대해 남들에게 좀 더 인정(recognition)받고 싶어 한다고 한다. 이와 유사하게 Nelson이라는 심리학자 역시 노동자들이 직장을 떠나게 되는 가장 큰 이유가 '칭찬과 인정의 부족'이라는 사실을 보고한 적이 있다.

사람들은 직장에서 제공하는 강화인과 관계없이 스스로 강화인을 추구할 수도 있다. 많은 경우 사람은 바람직한 행동을 통해 이러한 강화인을 얻게 된다. 예를 들면, 근로자 스스로가 일을 즐기면서 생산적으로 일하는 경우 성취감을 느낄 수 있고, 이 성취감은 아주 효과적인 강화인으로 작용하게 된다. 반면에 직장에 이롭지 않은 행동을 함으로써도 강화인이 올 수가 있다. 소위 비직무 행동(off-task behavior)을 하는 것은 직장에 해가 되지만 그런 행동을 하는 사람들의 입장에서는 긍정적인 결과가 오는 것이다. 예를 들어, 근무 시간에 컴퓨터로 게임을 하는 것과 같은 비직무 행동을 하는 경우, 어떤 사람에게는 이것이 직무 행동을 하는 것보다 더 즐겁다는 결과가 올 수 있다. 따라서 이러한 비직무 행동이 점차 증가할 수도 있다. 이와 같은 상황에서 관리자가 해야 할 일은 직무 행동에 대한 강화인이 제대로 제공되고 있는지를 확인함과 동시에 비직무 행동에 대해 제공될 수 있는 강화인을 차단하는 것이다.

정적 강화는 바람직한 기업문화를 조성한다

정적 강화는 기업의 문화를 긍정적으로 변화시킨다. 정적 강화인을 지속적으로 받게 되면 사람들은 강화인을 제공하는 사람들을 포함하여 조직 전반에 대해 보다 더 긍정적으로 생각하기 시작한다. 이러한 긍정적인 분위기의 조성은 결국 직장 내 직무환경의 질(quality of work life)적 향상으로 이어지게 된다.

일반적으로 사람들은 평가받는 것과 어떤 일에 대해 책임지는 것을 두려워한다. 그 이유는 대부분의 사람에게 이러한 것이 긍정적인 결과보다는 부정적인 결과를 초래한 경우가 많았었기 때문이다. 그런데 놀라운 일은 정적 강화가 체계적으로, 그리고 효과적으로 적용되는 기업 환경에서는 사람들이 평가받는 것과 책임지는 것을 오히려 원하게 된다는 사실이다. 자신이 이루어 놓은 성과에 대해 지속적으로 정적 강화를 받게 되면 사람들은 자신에 대한 평가를 더 받고 싶어 하고, 더 나아가 변화에 대해 보다 수용적이고, 직무수행 향상을 위한 제안에 대해서도 긍정적이고 적극적인 자세를 취하게 된다. 결국 이러한 환경은 기업의 리더와 직원 간의 관계가 더욱 협력적으로 될 수 있도록 해 준다. 바로 이것이 '자발적 직무수행(Discretionary Performacne^{SM})'이라는 개념이다. 이 자발적 직무수행이라는 것은 직원들이 자기에게 주어진 임무 이상의 추가적인 노력을 스스로 하는 것을 의미한다. 기업에서 이러한 자발적 직무수행을 하는 사람이 많다면, 그 기업의 리더는 훌륭한 리더라고 단언할 수 있다. 이렇게 많은 사람으로 하여금 자발적 직무수행을 할 수 있도록 해 주는 리더십을 Q4 리더십(Q4 Leadership^{SM})이라고 한다. [그림 3-2]는 네 가지 종류의 리더십에 대해 설명하고 있다.

그렇다면 이 자발적 직무수행은 어떻게 나오게 할 수 있는 것일까? 해답은 바로 정적 강화의 원리에 있다. 정적 강화의 원리에 대

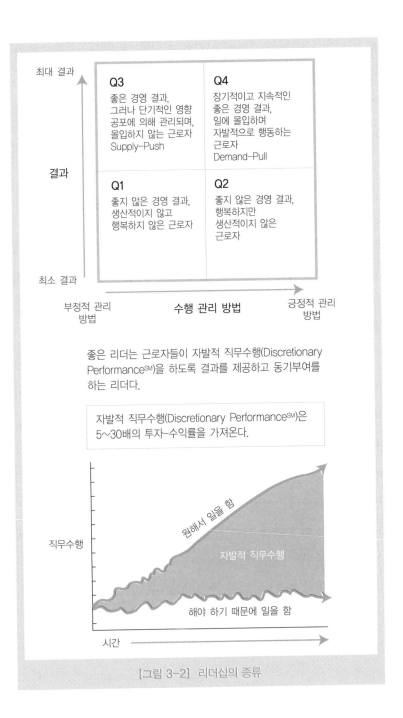

Q3 좋은 경영 결과, 그러나 단기적인 영향 공포에 의해 관리되며, 몰입하지 않는 근로자 Supply-Push	**Q4** 장기적이고 지속적인 좋은 경영 결과, 일에 몰입하며 자발적으로 행동하는 근로자 Demand-Pull	
Q1 좋지 않은 경영 결과, 생산적이지 않고 행복하지 않은 근로자	**Q2** 좋지 않은 경영 결과, 행복하지만 생산적이지 않은 근로자	

최대 결과

결과

최소 결과

부정적 관리
방법

수행 관리 방법

긍정적 관리
방법

좋은 리더는 근로자들이 자발적 직무수행(Discretionary
Performance^{SM})을 하도록 결과를 제공하고 동기부여를
하는 리더다.

자발적 직무수행(Discretionary Performance^{SM})은
5~30배의 투자–수익률을 가져온다.

원해서 일을 함

자발적 직무수행

직무수행

해야 하기 때문에 일을 함

시간

[그림 3-2] 리더십의 종류

해 기업의 리더들이 충분히 이해하고 이를 체계적으로 적용할 수 있게 된다면 자발적 직무수행을 하게 되는 종업원이 늘어나게 됨으로써 기업은 그 효율성을 극대화할 수 있게 된다.

정적 처벌과 부적 처벌

행동을 증가시키게 하는 데에도 정적 강화와 부적 강화의 두 가지 방법이 있는 것과 마찬가지로 행동을 감소시키는 데에도 정적 처벌(positive punishment)과 부적 처벌(negative punishment)의 두 가지 방법이 있다.

정적 처벌(positive punishment)이란 어떤 행동이 나타난 후 어떤 자극이 제공됨으로써 행동이 감소하는 과정을 말하는 것이며, 이때 제공되는 자극을 정적 처벌인(positive punisher)이라고 한다. 정적 처벌인은 행동을 하는 사람이 원하지 않는 자극(즉, 부정적인 결과)인 경우가 많다. 반면 부적 처벌(negative punishment)은 행동이 나오게 되면 이전에 이미 존재하고 있었던 어떤 자극이 없어짐으로써 행동이 감소하게 되는 과정을 말하는 것이다. 이때 없어지게 되는 자극을 부적 처벌인(negative punisher)이라고 한다. 부적 처벌인은 행동을 하는 사람이 좋아하는 자극인 경우가 많다. 정적 처벌의 예로는 안전수칙을 지키지 않는 작업자에게 경고를 함으로써 안전수칙 위반 행동이 감소하는 것을 들 수 있다. 부적 처벌의 예로는 지각을 하는 사원에게 벌금을 내게 함으로써 지각하는 사례가 줄어드는 경우를 들 수 있다. 그러나 한 가지 명심해야 할 것은 정적 처벌이든 부적 처벌이든 처벌을 이용하여 조직 상황에서 궁극적으로 문제해결을 할 수 있는 경우는 드물다는 사실이다. 왜냐하면 조직에서 사람들을 고용하는 것은 가치 있는 행동을 하도록 하기 위한 것이지, 어떤 행동을 하지 못하게 하기 위해 고용하는 것이 아니기 때문이다.

선행자극의 역할

앞서 언급한 것과 같이 행동에 크게 영향을 미치는 것은 선행자극보다는 결과다. 그렇다고 해서 선행자극의 역할이 중요하지 않다는 것은 아니다. 조직 내에서 구성원들이 효율적으로 직무를 수행하기 위해서는 반드시 올바른 선행자극이 제대로 제공되어야 한다. 기업의 리더가 해야 할 임무 중의 하나가 바로 이것이다. 예를 들면, 구성원들이 직무를 제대로 수행할 수 있도록 충분한 훈련 기회를 제공하는 것, 직무 기술서(job description)를 명확하게 기술해 주는 것, 혹은 직무수행에 필요한 적합한 물리적 환경 조성에 힘쓰는 일 등이 이에 해당하며, 이러한 선행자극은 직무수행에 상당한 영향을 미치게 된다. 그러나 명심해야 할 것은 선행자극을 관리하는 것만으로는 충분한 효과를 거둘 수가 없다는 사실이다. 바꾸어 말하면, 올바른 선행자극을 제공하는 것은 필요조건이라 할 수 있으나 충분조건이 되지는 못한다. 선행자극의 이러한 특성은 '늑대소년' 우화에서 잘 알 수 있다. 양치기 소년이 처음 늑대가 나타났다고 소리쳤을 때 마을 사람들이 모두 뛰어나왔지만 그 후 여러 번 소년이 늑대가 나타났다고 소리쳤지만 늑대는 나타나지 않았고, 그 후 사람들은 아무도 그 소리에 귀를 기울이지 않게 되었다. 물론 이 우화는 정직하지 못한 사람은 다른 사람들의 신임을 얻지 못한다는 것을 가르치고 있는 것이지만 선행자극의 특성도 잘 보여 주고 있다.

처음 몇 번은 선행자극이 효과를 가져올 수도 있다. 그러나 결과 없는 선행자극은 사람들의 행동에 영향을 미칠 수 없다. 예를 들어, 안전수칙에 나와 있는 대로 직무를 수행했더니 상사에게 일이 더디다는 꾸중을 들었다면 어떤 결과가 오겠는가? 아마 다음에는 안전수칙을 지키지 않을 것이다. 다시 말하면, 안전수칙은 선행자극의 역할을 하지 못하게 되는 것이다.

실제로 우리 주변을 둘러보면 많은 기업에서 교육 및 훈련과 관련하여 상당한 비용을 지불하고 있다. 여러분의 직장에서도 아마 세미나, 워크숍, 유명인사 초청 연설, 직무 관련 동영상, 비디오테이프, 녹음테이프, 책자 등 수 없이 많은 종류의 교육 관련 예산 책정과 집행이 이루어지고 있을 것이다. 이 모든 것이 선행자극에 해당하는 것인데 명심해야 할 것은 앞서 이미 언급한 바와 같이 모든 선행자극이 행동을 변화시킬 수 있는 것은 아니라는 사실이다.

이러한 사실에도 불구하고 많은 기업의 리더들은 선행자극에 너무 많이 의존하는 경향이 있다. 그리고 만약 한 가지 방법이 실패하게 되면 또 다른 새로운 방법을 적용하고, 실패할 때마다 계속 새로운 방법을 적용한다. 이렇게 새로운 방법을 계속 적용한다는 사실은 이전의 방법이 효과가 없었다는 것을 간접적으로 증명하는 것이다.

따라서 중요한 것은 올바른 선행자극의 활용과 함께 행동의 결과를 잘 관리하는 것이다. 다음의 [그림 3-3]은 DCOM® 모델을 보여 주고 있다. 이 모델에 의하면 선행자극과 행동의 결과를 모두 관리하는 것이 중요하다는 사실을 알 수 있다. DCOM®은 Direction, Competence, Opportunity, Motivation을 의미한다. Direction이란 앞으로 기업이 나아가야 할 방향 설정이 확고하게 수립되어 있어야 한다는 의미다. 보다 세부적인 차원에서 보자면, 직원들 각자가 무엇을 해야 할지에 대해 확실한 정보를 제공해 주는 것이 Direction에 해당된다. Competence는 업무를 수행할 직원이 충분한 능력을 가지고 있어야 함을 말한다. 직원에게 충분한 훈련을 시키고, 충분한 업무 능력을 배양해 주는 것이 여

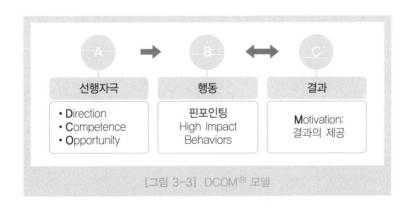

[그림 3-3] DCOM® 모델

기에 속한다. Opportunity의 의미는 올바른 방향 설정(Direction) 이 제공되고 직원의 능력이 충분히 배양되는 것뿐만 아니라 능력을 발휘할 수 있도록 기업 차원에서 충분한 리소스가 제공되어야 함을 의미한다. DCOM®에서의 D, C, O는 **선행자극**에 해당되며, 이러한 선행자극들 또한 직무 행동에 강력한 영향력을 미친다는 것은 자명한 사실이다. 그리고 이러한 선행조건이 충족된다면 그다음으로 반드시 필요한 것이 일에 대한 사람들의 동기(Motivation)를 증가시키는 것이다. 즉, 올바른 직무 행동에 대해 적절한 **결과**를 제공하는 것이 필요하다.

04

핀포인팅

　앞 장에서 우리는 행동에 영향력을 크게 미치는 것은 행동에 뒤따라 나타나는 결과라는 사실을 알았다. 그리고 이러한 행동의 결과 중에서도 정적 강화의 역할을 하는 결과가 중요하다는 사실 또한 알았다. 그러나 정적 강화를 이용하여 행동을 효과적으로 변화시키는 데 있어서 우선되어야 할 것이 있는데, 그것은 바로 올바른 행동의 **핀포인팅**(pinpointing)이다.

　핀포인팅이란 변화 대상이 되는 행동을 **구체적**으로 **정확하게** 정의하는 것이다. 많은 경우 관리자가 부하직원의 어떤 행동을 변화시키고자 할 때, 그 행동에 대해 구체적이면서도 정확한 정의를 하지 못하는 경우가 흔히 발생한다. 예를 들어, 관리자가 부하직원에게, "근무태도가 좋지 못합니다. 바꾸도록 하세요."라고 하는 말은 구체적으로 어떤 행동을 어떻게 바꾸어야 할지 파악하기 어렵다. 마찬가지로 직장에서 흔히 들을 수 있는 "좀 더 일에 집중하세요." "불량률을 최대한 줄이세요." "안전이 최우선입니다." 등과 같은 말도 구체적으로 어떤 행동을 어떻게 고쳐야 할지 알기 어려운 말들이다. 따라서 행동의 변화 또한 쉽지 않다. 그러므로 관리자가 효율적으로 직원의 행동을 변화시키려고 한다면, 우선 조직의 효율성을 높이는 데 기여할 수 있는 행동들을 찾아내고 이 행동들에 대해 구체적이면서도 정확하게 서술하는 것이 우선되어야 한다.

핀포인팅은 비단 행동만 그 대상이 되는 것은 아니다. 사람들의 행동을 통해 최종적으로 나타나게 되는 결과(성과) 또한 핀포인팅의 대상이 된다. 이를테면, 세일즈맨의 **판매 행위**는 행동이지만 **판매량**은 판매 행위를 통해 나타나게 되는 결과물이다. 이때 판매 촉진을 위한 판매 행동에 대한 핀포인팅도 필요하지만 이 행동의 최종 결과(성과)인 판매량에 대해서도 핀포인팅이 필요한 것이다. 어떤 경우에 있어서는, 행동보다는 성과에 대한 핀포인팅이 더 중요할 수도 있다. 특히, 기업의 목적이 이윤 창출이라는 점을 고려한다면, 행동이 만들어 내는 성과에 대한 핀포인팅이 보다 중요해진다.

그러나 이것이 행동에 대한 핀포인팅이 필요하지 않다는 것을 의미하는 것은 아니다. 행동에 대한 고려 없이 결과물(성과)에 대해서만 관심을 가지는 것은 결코 바람직하지 않다. 행동에 대한 핀포인팅 없이 성과만을 핀포인팅하고 강조하면 여러 가지 문제가 발생하게 된다. 예를 들면, 너무 성과만을 강조하는 회사에서는 직원들이 편법으로 성과 관련 데이터를 조작하는 경우도 발생한다.

우리 사회에서도 결과(성과)만을 강조함으로써 나타나는 좋지 못한 사례는 수없이 볼 수 있다. 오래전 사건이지만 미국의 워터

게이트 사건은 대통령 당선이라는 결과를 가져오기 위한 불법적 행동이 문제가 되었던 사건이었고, 대학에서 우수한 운동선수를 확보하기 위해 편법적 행위를 저지르는 것도 성과만을 강조하고 행동을 무시하였기 때문에 발생한 일들이다. 기업에서 안전사고가 나도 이를 숨기게 되기 쉬운 이유도 안전사고의 원인이 되는 행동에 대한 핀포인팅과 관리 없이 결과(즉, 안전사고)만을 중요시하기 때문에 나타나는 일이다. 다시 말하지만, 행동과 결과는 모두 핀포인팅되어야 한다. 그러나 둘 중 어떤 것에 더 초점을 맞추느냐를 결정할 필요는 있으며, 이는 상황에 따라 달라진다.

행동에 초점을 두어야 할 때

현재의 직무수행 수준이 높지 않은 경우

예를 들면, 조직에 새로 들어온 사람들이 자기에게 주어진 직무에 대해 조금씩 배워 가는 과정에서는 성과에 대해 초점을 맞추기보다는 성과를 이루어 낼 수 있게 해 주는 행동에 대한 핀포인팅과 관리가 필요하다. 즉, 현재의 직무수행 수준이 높지가 않기 때문에 결과보다는 결과를 이끌어 낼 수 있는 행동에 대해 우선 관심을 두고 관리를 하는 것이 현명하다. 이러한 상황에서 만약 결과에만 초점을 맞추게 되면 결과를 이끌어 내는 데 필요한 행동이 제대로 습득되기 어렵다.

행동과 결과 간의 관계성이 뚜렷하지 않는 경우

'행동과 결과 간의 관계가 명백하지 않을 때'라는 상황의 의미는 두 가지로 나누어 생각해 볼 수 있다. 우선 어떤 목적을 가지고 행동을 했음에도 불구하고, 그 목적이 달성되지 않는, 즉 결과(성과)가 나타나지 않는 경우다. 예를 들어, 보험 판매원들이 보험상품을 팔기 위해 고객을 방문하거나 전화를 거는 등 다양한 판매 관련 행동을 한다고 해서 항상 상품을 팔 수 있는 것은 아니다. 그러나 이러한 상황에서 어떤 결과가 나타나지 않았다고 해서 결과(성과)를 이끌어 낼 수 있는 잠재적 행동이 무시되어서는 안 된다. 비록 당장의 성과가 눈에 보이지 않더라도 이러한 행동에 대한 체계적 관리가 필요한 것이다.

이와는 반대로, 관련 행동을 하지 않았음에도 불구하고 결과가 나타나는 경우도 있다. 보험 판매원들이 고객 방문을 하지 않았음에도 불구하고 고객 스스로 찾아와서 보험을 들 수도 있다. 어떤 위험한 작업을 할 때 안전수칙을 지키기 않았음에도 '무사고'로 작업을 마칠 수 있다. 정기적으로 보수 유지 작업을 하지 않았는데도 기계는 한동안 문제 없이 작동될 수 있다. 그러나 문제는 이러한 상황에서 결과가 나쁘지 않다고 해서 행동을 관리하지 않는다면 결국에는 문제가 발생하게 되는 것이다. 제대로 된 판매 활동을 하지 않으면, 결국에는 판매량이 감소할 것이며, 안전수칙을 지키지 않으면 않을수록 사고의 위험은 점점 커질 것이고, 정기적 보수 유지 작업을 하지 않으면 결국에는 기계는 멈출 수밖에 없을 것이다. 이와 같이 행동과 결과 간의 관계성이 명확하지 않은 상황에서는 반드시 행동에 대해 초점을 맞추고 지속적인 관심을 기울여야 한다.

행동에 대한 관심이 필요한 또 다른 상황으로는 직무수행자가 하는 여러 가지 행동 중에서 **극히 일부 행동**이긴 하지만 이것이 결과를 이끌어 내는 데 있어서 **결정적 역할**을 하는 경우를 들 수 있다. 업셀링(upselling)을 그 예로 들 수 있다. 패스트푸드점에서 일하는 계산원이 해야 하는 행동은 여러 가지가 있을 것이다. 그러나 그중에서 가장 중요한 것은 고객으로 하여금 추가 주문을 하게 하는 행동(upselling)이다. 예를 들어, 어떤 고객이 햄버거와 음료수만을 주문한다면, 그 고객에게 "감자튀김은 어떠세요?(How about fries?)"라고 묻는 행동이 바로 업셀링이고, 이 행동은 판매량을 올리는 데 있어서 상당한 기여를 할 수 있다. 즉, 이것이 바로 '결정적 행동(critical behavior)'으로, 궁극적으로 좋은 결과를 가져오기 위해서는 행동에 대해 **초점을 맞추는 것**이 필요하다는 사실을 알 수 있다.

장기간에 걸쳐 결과가 나타날 때

어떤 결과는 다른 것에 비해 나타나는 데 훨씬 더 많은 시간이 필요한 경우도 있다. 예를 들면, 완성하는 데 몇 달 또는 수년이 걸리는 프로젝트의 경우, 성과가 눈에 보이기까지는 상당한 시간이 소요되는 경우가 있을 것이다. 제조 공정과 과정이 복잡하고 장기적일 수밖에 없는 제품을 생산하거나 가격이 높은 상품을 판매하는 경우에 있어서도 꽤 오랜 시간을 필요로 할 수 있다. 이런 상황에서는 결과가 빈번하게 일어나지 않기 때문에 결과가 나타나기를 기다려 이에 대해 강화를 제공하는 것은 적절하지 못하다. 따라서 결과보다는 결과가 나타나는 데 기여하는 행동에 대해 초점을 맞추고 이러한 행동이 나타날 때 강화를 제공하는 것이 필요하다.

수행자가 결과를 통제하지 못하는 경우

기업에서 나타나는 모든 결과에 대해 직원들이 책임이 있는 것은 아니다. 다시 말하면, 직원들의 노력 여부와는 관계없이 어떤 특정 결과가 나타나는 경우도 흔히 있다. 때로는 날씨나 전반적인 경제 상황 등과 같은 요인이 결과에 부정적인 효과를 가져올 수도 있다. 예를 들어, 청량음료를 판매하는 직무를 생각해 볼 수 있다. 여름에 비해 겨울에는 당연히 판매량이 감소할 것이고, 이러한 계절에 따른 판매량 감소는 판매 사원에게 책임이 있는 것은 아니다. 마찬가지로 전반적인 경제 상황이 나쁜 경우에도 기업에 좋지 못한 결과를 가져오게 되기가 쉽지만, 이것을 직원의 책임이라고 보기는 어렵다. 따라서 이러한 경우에는 결과가 어떠한지에 대해 초점을 두기보다는 조직 구성원이 올바른 행동을 하고 있는지에 대해 초점을 두는 것이 바람직하다.

결과에 초점을 두어야 할 때

다음과 같은 상황에서는 결과에 초점을 두고 관리를 하는 것이 더 효율적이다.

직무에 숙련되어 있을 경우

자신의 직무를 오랫동안 수행해 온 사람들의 경우, 어떻게 행동을 해야 좋은 성과를 가져올지를 이미 알고 있다. 이런 사람들의 경우, 관리자들이 행동에 대해 너무 많은 관심을 가지는 것이 부정적 효과를 가져올 수도 있기 때문에 결과(성과)에 주로 초점을 맞추어서 관리를 하는 것이 오히려 좋은 결과를 가져올 수 있다. 이런 경우 구체적인 행동에 너무 초점을 맞추게 되면 오히려 좋지 못한 결과가 나타날 수도 있다.

행동과 결과의 관계성이 명확할 경우

행동과 결과 사이에 명확한 관계성이 있다는 것은 어떤 행동을 반드시 해야만 특정 결과가 나타날 수 있는 경우를 말한다. 이런 상황에서는 행동에 지나치게 중점을 두고 관리할 필요 없이 결과를 위주로 관리하는 것이 오히려 더 효율적일 수 있다. 반복적인 행동이 요구되는 작업이 이런 범주에 속한다고 할 수 있다. 예를 들어, 창고에 물건을 적재하는 직무의 경우, 하루에 적재된 물건의 수에 관심을 가지는 것만으로 충분할 것이다. 아주 특별한 경우를 제외하고는 적재하는 행동 자체에 관심을 가질 이유는 아마 없을 것이다.

행동과 결과 중 한쪽에 초점을 두되, 어느 한쪽을 무시하지 말 것

만약 행동과 결과 중 어떤 것을 더 강조해야 할지 확신이 서지 않는다면 일단 결과를 우선적으로 선택하는 것이 바람직하다. 만약 결과가 좋아지지 않으면 그때는 행동으로 초점을 바꾸는 것이 좋다. 여기서 중요한 것은 행동과 결과 중 어떤 한쪽을 완전히 '무시'해서는 안 되며, 다만 어느 한쪽에 더 '중점'을 두어야 한다는 사실이다. 행동 또는 결과, 어느 한쪽에 중점을 두더라도 다른 쪽 또한 항상 염두에 두어야 한다. 어느 한쪽을 완전히 무시하면, 앞에서 언급하였듯이 장기적인 측면에서 문제가 발생할 수 있다. 이를테면, 종종 바람직하지 않은 행동(불법적, 비윤리적 행동)을 통하여 결과를 얻을 수도 있고, 반대로 많은 행동을 하고 있음에도 불구하고 원하는 결과가 나타나지 않을 수도 있다.

특히, 결과(성과)만 가지고 사람들을 관리를 하는 것의 문제점은 결과물이 행동과 관계없이 나타날 수도 있다는 사실을 항상 염두에 두어야 한다. 예를 들어, 어떤 세일즈맨의 판매량이 지난

달에 월등하게 높아졌다면, 이 결과는 그 세일즈맨이 지난달보다 더 열심히 했기 때문일까? 물론 그럴 수도 있을 것이다. 그러나 문제는 항상 그렇지만은 않다는 데 있다. 오히려 지난달에 비해 열심히 하지 않았음에도 불구하고, 계절적인 효과에 의해 판매량이 자연스럽게 증가할 수도 있는 것이다. 예를 들어, 겨울 외투를 판매하는 판매원이라고 가정해 보자. 판매 활동을 열심히 하는 것과 관계없이 판매량은 날씨에 따라 증가 혹은 감소할 수 있는 것이다.

역으로 행동만을 핀포인팅하는 것도 바람직하지 못하다. 어떤 행동은 바람직한 결과물을 얻는 데 기여할 수 있지만 또 어떤 행동은 그렇지 못할 수도 있기 때문이다. 정시에 출근하는 행동이나 근무 중 잠시 쉬는 행동을 예로 들어 보자. 물론 이러한 행동이 중요할 수는 있으나 문제는 수행 수준이 낮은 사람이 항상 정시에 출근하고 쉬는 시간 없이 사무실 책상에 앉아만 있을 수도 있다는 사실이다. 어떤 가치 있는 결과가 따라오지 않는다면 이러한 행동은 아무런 의미가 없는 것이다.

다음의 글은 핀포인팅의 중요성을 보여 주는 미국의 어느 회사 부사장의 진술이다.

우리 회사는 경쟁력을 유지하기 위해서 시장 점유율을 높여야 했습니다. 제품에 대한 평도 좋았고, 가격 면에 있어서도 경쟁력이 있었는데도 불구하고 매출은 늘지 않았고 오히려 조금씩 나빠졌습니다. 반면, 주요 경쟁사들은 우리와 경쟁을 벌이는 같은 지역에서 연간 8~14%의 성장을 이루고 있었습니다. 부사장으로서 저는 리서치 팀을 통해 데이터를 체크하고 근본적인 문제가 무엇이었는지 분석하게 하였는데 결론은 영업 팀의 수행에 문제가 있다는 것이었습니다. 그리고 리서치 팀은 직무수행 수준이 가장 높은 영업 사원이 누구인지 파악하여 이 사원이 하고 있는 '영업 방법'을 전체 영업 사원에게 훈련시킬 것을 추천하였습니다. 그래서 저는 모든 영업 사원에게 이 훈련을 실시하도록 했습니다.

훈련을 시작한 지 3개월이 지나 결과를 살펴보았는데, 이때 아무것도 나아진 것이 없는 것으로 나타났고, 나는 정말 실망감이 컸습니다. 그래서 더 많은 시간을 투자하면서 영업 사원을 관찰하고 면담도 하였습니다. 영업 사원이 훈련을 통해 배운 대로 '영업 방법'을 실천했는지를 살펴보면 그렇게 한 것으로 보였습니다. 그런데 경쟁 회사는 계속 시장을 넓혀 나가고 있었고, 우리 회사는 그 자리에 멈춰 있었습니다. 정말 너무나 답답한 상황이었습니다. 그 당시 저는 여전히 결정적으로 중요한 것이 무엇이었는지 모르고 있었는데, 그것은 바로 시장 점유율을 높이는 데 기여할 수 있는 결정적 행동들이 무엇인지를 제대로 파악하지 못하고 있었다는 것입니다.

－VP of Marketing & Sales, Fortune 500 Company

앞의 사례와 같은 경우를 당하게 되면 회사는 적지 않은 손실을 입게 된다. 이 회사의 부사장이 시장 점유율 확보에 실패했던 이유는 변화시켜야 할 **올바른 행동**을 제대로 가려내지 못한 데 있었다. 그렇다면 올바른 **핀포인팅**은 어떻게 하는 것인가? 여기에는 두 가지 필수적인 단계가 있다. 첫째, 결과에 영향을 줄 수 있는 여러 행동 중에서 가장 영향력이 크다고 판단되는 행동 한두 가지(행동의 수가 너무 많은 것은 바람직하지 못함)를 선택한다. 둘째, 그 선택된 행동(행동들)을 **객관적인 언어**를 사용하면서 **구체적으로** 서술한다. 행동이 객관적이면서도 구체적으로 서술될 때, 비로소 이에 대한 의사소통이 가능하고 관찰, 측정, 추적이 가능해진다.

어떤 행동을 선택하느냐는 대단히 중요하다. 만약 결과와 뚜렷한 연관이 없는 행동을 잘못 선택하게 되면 앞의 사례에서와 같이 문제 해결이 어려워진다. 소수의 올바른 행동을 정확하게 핀포인팅한다는 것이 물론 결코 쉬운 일만은 아닐 것이다. 그러나 이것은 기업의 리더가 해야 할 가장 중요한 업무 중의 하나라고 할 수 있다. 즉, 기업의 리더가 해야 하는 가장 중요한 역할 중의 하나는 기업의 이윤 창출에 가장 큰 기여를 할 수 있는 소수의 **영향력 있는 행동**(High-Impact Behaviors℠)을 찾아내는 것이다.

가장 영향력이 큰 행동을 찾았다면, 그다음 단계는 앞서 언급하였듯이 이 행동들에 대해 서술하는 것이다. 행동에 대한 서술은 다음에 나와 있는 NORMS의 조건을 충족시켜야 한다.

- **N**ORMS - Not an Interpretation: 선택된 행동의 서술은 주관적인 해석이 가능하지 않도록 해야 한다. 다시 말하면 사람들에 따라 해석이 달라질 수 있는 서술이 되지 않도록 해야 한다.

- NORMS-Observable: 선택된 행동은 관찰이 가능할 수준으로 서술되어야 한다. 행동을 관찰하는 것이 어렵거나 불가능하다면 그 서술은 잘못된 것이라 할 수 있다.
- NORMS-Reliable: 신뢰성이 있다는 것은 다수의 사람이 어느 한 행동을 관찰했을 때 모두 동일한 결과가 나온다는 것을 의미한다. 따라서 선택된 행동에 대한 서술은 다수의 사람이 관찰했을 때 관찰 결과가 동일하게 나타날 정도의 수준이어야 한다.
- NORMS-Measurable: 선택된 행동은 측정이 가능할 정도로 서술되어야 한다. 만약 서술된 어떤 행동이 측정되기 어렵거나 측정 불가능하다면 서술에 문제가 있다는 것을 의미한다.
- NORMS-Specific: 행동에 대한 서술은 구체적이어야 한다. 서술을 통해 누가, 언제, 무엇을, 어디서, 어떻게, 얼마나 했는지를 파악할 수 있을 정도의 구체성이 있어야 한다.

핀포인팅은 행동과학을 적용한 기업관리 접근법에 있어서 첫 번째 단계라고 할 수 있다. 이 접근법은 IMPACT[SM] 모델로 요약할 수 있는데, [그림 4-1]에 나와 있다.

[그림 4-1]에서 볼 수 있는 것과 같이, IMPACT[SM] 모델의 가장 첫 번째 단계는 'Idenify & Measure' 단계로서, 기업이 달성하고자 하는 목표(target)가 무엇인지를 확인하고(Identify) 수량화(Measure)하는 과정이다. 즉, 기업이 얻고자 하는 궁극적인 결과물이 무엇인지에 대한 핀포인팅을 하는 단계라고 할 수 있다. 두 번

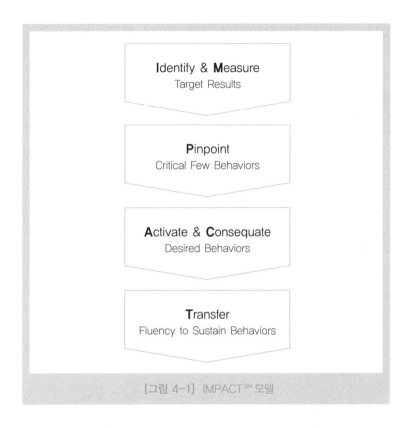

[그림 4-1] IMPACT^{SM} 모델

째 단계는 이러한 목표를 달성하는 데 기여할 수 있는 소수의 결정적인 행동(High-Impact Behaviors^{SM})을 핀포인팅(Pinpointing)하는 단계다. 그다음 단계는 핀포인팅 된 소수의 결정적 행동을 활성화시키는(Activate & Consequate) 단계다. 즉, 기업의 목표 달성에 기여할 수 있는 결정적 행동을 정적 강화를 통하여 증가시키는 과정이라고 할 수 있다. 마지막 단계는 Transfer 단계로서 증가된 결정적 행동이 유지될 수 있도록 하고, 새로운 환경에서 필요한 새로운 행동과 새로운 기업 목표를 파악해 나가는 과정이라고 할 수

있다. Activate & Consequate 단계와 Transfer 단계는 앞으로 보다 상세하게 설명할 것이다.

다음에 나와 있는 사례는 올바른 핀포인팅이 얼마나 중요한 것인지를 잘 보여 주는 예라고 할 수 있다.

Global Telecom은 '업셀링(upselling)'을 하기 위한 세일즈 전략을 수립하였다. 그 회사의 고객 서비스 담당 직원이 소비자와 자주 전화 통화를 한다는 사실에 주목하여 그 직원으로 하여금 고객이 서비스를 위해 전화를 할 때 '업셀링'을 하도록 하는 방안을 결정하였다. 이에 회사는 고객 서비스 담당 직원을 대상으로 '업셀링'을 위한 훈련을 하는 데 상당한 시간과 자원을 투자하였다. 또한 판매에 따른 높은 인센티브를 제공하기도 했다.

일이 어떻게 진행되었을까? 회사의 고객 서비스 직원은 스스로를 언제나 고객을 '돕는' 역할로만 생각하였다. 그런 이유로 직원은 고객을 대상으로 '업셀링'을 하는 데 대하여 상당한 거부감을 가지고 있었다. 사실, '업셀링'을 해야 한다는 것에 대한 상당한 불만이 있었고, 노동조합을 통한 고충 제기가 문제화되기도 하였다. 더구나 판매가 늘어나지도 않았으며, 고객의 회사 서비스에 대한 평가도 좋아지지 않았다. 더불어 직원의 사기에도 상당한 문제가 있었다.

앞의 상황은 잘못된 행동의 핀포인팅이 초래할 수 있는 부정적인 결과를 잘 보여 주고 있다. 즉, 고객 서비스 직원의 '업셀링' 행동이 기업에 이윤을 가져다줄 수 있는 결정적 행동이라고 판단하였으나, 오히려 이 행동은 부정적인 결과만을 초래하였던 것이다. 이러한 상황에서 Global Telecom은 다음과 같이 핀포인팅을 다시 시도하였다.

회사는 '업셀링'을 성공적으로 하기 위해 필요한 행동이 무엇일까에 대해 열심히 살펴보았다. 무조건 '업셀링'을 하도록 하는 것이 아니라 '고객이 필요로 하는 것에 기초한 해결책'을 적용할 것을 추진하였다. 고객 서비스 직원은 고객이 필요로 하는 것이 무엇인지를 파악할 수 있도록 하는 훈련을 받았고, 고객이 필요로 하는 것과 회사가 제공하는 서비스가 매치될 수 있는 방법을 찾게 하는 훈련도 받았다. 이 훈련에는 회사에서 제공하는 여러 가지 서비스의 종류와 특징에 대해 배우는 것을 포함하여, 고객 서비스에 필수적인 기술 습득도 포함하고 있었다. 이를테면, 적극적으로 경청하기, 질문하기, 말하기, 기회를 잘 포착하는 법 등으로 구성되었다. 또한 훈련 동안 올바른 행동을 수행했을 때 피드백, 코칭, 인정해 주기(recognition) 등이 제공되었다. 사실, 고객 서비스 직원이 판매 시스템에 대해 좀 더 적극적일 수 있도록 하기 위해 고객이 원할 때는, 심지어 '다운셀링(downselling)'을 권할 수도 있게 했다. 실제로 '다운셀링'은 금기시되어 왔기 때문에 직원들은 '다운셀링' 하는 것에 대해 회사의 눈치를 볼 수밖에 없었다. 그러나 새롭게 프로그램을 바꾼 초기부터 매니저들과 코치들이 '다운셀링'을 축하해 주는 이벤트를 근무가 끝날 때마다 해 줌으로써 그 금기를 풀어 나갔다. 고객 서비스 직원들은 이러한 새로운 변화에 대해 상당히 긍정적으로 받아들이게 되었으며, 동시에 고객이 가지고 있는 욕구를 충족시켜 주는 역할을 그 어느 때보다 잘할 수 있었고, 판매 또한 35% 증가되는 결과를 가져오게 되었다.

한 번의 실패 후에 이 회사는 올바른 행동을 제대로 핀포인팅하였고, 그 행동을 올바르게 관리하였던 것이다. '업셀링' 행동에 치중하지 않고 고객의 욕구를 파악하고 이를 충족시켜 주는 데 필요한 행동을 핀포인팅함으로써 성공적인 결과를 가져올 수 있었던 것이다.

임무에 대한 올바른 파악

임무란 한마디로 우리가 원하는 결과에 대한 핀포인팅이라고 할 수 있다. 올바른 임무 파악을 위해서는 언제나 조직에서 원하는 결과물이 무엇인지에 대한 핀포인팅이 우선되어야 한다. 우리가 어떤 행동을 변화시키고자 할 때 행동을 변화시킴으로써 나타나게 되는 최종 결과물에 대한 고려 없이 단지 행동 변화 자체를 목적으로 하는 경우는 거의 없다. 특히, 조직 상황에서는 더욱 그러하다. 그럼에도 불구하고 조직이 추구하는 최종 결과물에 거의 영향을 미치지 않는 행동을 바꾸기 위해 많은 노력과 자원을 소모하는 것을 흔히 볼 수 있다.

우리가 어떤 행동의 변화를 원한다는 것은 그 변화된 행동이 반드시 우리가 원하는 최종 결과물에 영향을 미칠 수 있는 행동이라는 것을 의미한다. 만약 그렇지 않다면, 그 행동 변화는 의미가 없을 뿐만 아니라 오히려 해가 될 수도 있다. 따라서 많은 행동 중에서 어떤 행동을 변화시키고 강화시킬 것인지를 결정할 때는 항상 조직에서 추구하는 최종 결과물이 무엇인지를 파악하는 것부터 시작해야 한다. 즉, 조직 혹은 직무의 임무가 무엇인지에 대한 파악이 가장 우선되어야 한다.

임무(mission)란 "조직이나 직무가 존재하는 이유"라고도 정의할 수 있다. 임무는 조직이나 직무의 성공 여부와 관련된 가장 중요한 단일 결과물(outcome)로 볼 수 있다. 임무를 파악할 때는 조직이나 직무에 필요한 모든 것을 포함하기보다는 아주 핵심적인 사항만으로 구성되어 있어야 한다. 일반적으로 임무는 어떤 조직이나 직무가 존재하는 이유에 대해 3~5개의 단어로 표현하는 것이 바람직하다.

임무는 두 가지 차원으로 구분할 수 있는데, 하나는 조직 차원에서의 임무이고, 다른 하나는 직무 차원에서의 임무다. 조직 차원에서의 임무는 일반적으로 어떤 조직의 고객 입장에서 볼 때 가치가 있는 서비스나 생산품을 의미한다. 예를 들면, 어떤 전력회사의 임무는 '전력 생산'이라고 표현할 수 있다. 그리고 그 조직의 하부 조직에서는 '전력 생산'을 위한 보다 구체적인 임무가 있을 수 있을 것이다. 예를 들면, '연료 확보'라는 임무를 가진 하부 조직이나 '발전 설비 운영'이라는 임무를 가진 하부 조직도 있을 수 있다.

직무 차원에서의 임무는 이러한 조직 차원에서의 임무와는 구별되어야 한다. 예를 들어, 어떤 세일즈 팀의 팀장이 있다면, 이 팀장의 직무 차원에서의 임무와 이 팀(조직)의 임무는 서로 다른 것이다. 팀의 임무는 판매량으로 정의할 수 있겠지만, 팀장의 임무는 판매량으로 정의하여서는 안 된다. 이를테면, 팀장의 직무수행 능력을 판매량으로 판단한다면 이는 옳지 않은 것이다. 예를 들어, 팀장의 연봉을 팀의 판매량으로 결정한다면 팀장이 어떤 역할을 하느냐에 관계없이 연봉이 늘어날 수도 있고, 감소할 수도 있다. 만약 팀 내에 아주 우수한 세일즈맨이 있어서 다른 세일즈맨의 판매량이 극히 저조한데도 불구하고 팀 전체의 판매량이 지난해에 비해 증가하였다면, 과연 이 결과는 팀장의 우수한 직무수행 능력 덕분인가? 아닐 것이다. 팀장의 직무는 판매량이 아니라 팀 내 세일즈맨의 몇 퍼센트가 만족할 만한 판매 실적을 올리고 있는지에 따라 평가받아야 옳은 것이다. 다시 말하면 능력 있는 팀장이라면 팀 내 구성원 대부분이 만족할 만한 수준의 직무수행을 보일 수 있도록 만들어야 한다.

직무 차원에서의 임무를 파악하는 가장 좋은 방법은 그 직무를 구성하고 있는 핵심적 행위와 그 직무가 창출해 내는 결과물이 무엇인지를 파악하는 것부터 시작해야 한다. 그다음 그 직무를 수행하는 사람이 그런 행위를 왜 하는지에 대한 간략한 서술을 하는 것이 필요하다. 다시 말하면, 어떤 직무의 핵심 행위들이 종합되어 창출되는 여러 가지 결과물 중에서 **가장 중요한 하나의 결과물**을 파악해 낸다면, 이것이 바로 그 직무의 임무가 되는 것이다.

직무의 임무(가장 중요한 결과물)를 확인하는 과정은 다음의 세 단계로 구성된다.

- 모든 핵심 행위와 결과물을 파악한다.
- 파악된 결과물과 행위 중에서 그 직무가 존재하는 이유를 설명할 수 있는 하나의 가장 중요한 결과물이 무엇인지 파악한다. 이것이 바로 임무다.
- 파악된 하나의 결과물(임무)과 나머지 결과물을 대조해 보고, 어느 것이 더 중요한지를 판단해 본다. 임무로 파악된 결과물은 다른 결과물보다 더 중요한 것으로 판단되어야 한다.

예를 들어, 어떤 회사의 한 인사관리 담당자의 임무가 무엇인지 파악해 보자. 다음에 나열되어 있는 목록은 인사 담당자가 해내야 할 일에 해당된다.

- 현재 고용된 근로자들에 대한 정리된 인사 파일
- 지원자에 대한 정리된 인사 파일
- 면접 완료
- 퇴직자 면담 완료

• 자격 조건이 충족되는 근로자의 채용 및 배치

이 목록을 잘 살펴보면 이 직무가 지향하는 하나의 가장 중요한 결과물은 '자격 조건이 충족되는 근로자의 채용 및 배치'라는 것을 알 수 있다. 즉, 이것이 바로 인사관리 담당자가 해야 할 임무인 것이다. 그렇다면 이 임무가 제대로 파악된 임무인지 아닌지는 어떻게 알 수 있을까? 이때 필요한 것이 Thomas Gilbert가 제안한 ACORN 테스트다.

파악된 임무의 적절성에 대한 평가: ACORN 테스트

임무의 적절성을 파악하기 위해 Gilbert는 다섯 가지 기준을 제안하였는데, Accomplishment, Control, Overall Objective, Reconcilable, Number가 그 다섯 가지 기준이며, 각각의 첫 글자를 따서 ACORN으로 표현되었다. 이 기준을 이용하여 앞에서 예를 든 인사관리 담당자의 파악된 임무가 적절한지에 대해 어떻게 평가하는지 알아보자.

Accomplishment

앞서 파악된 '자격 조건이 충족되는 근로자의 채용'이라는 임무는 행동이 아니라 행동을 통해 완수되는 하나의 결과물이다. 다시 말해 임무는 행동이 아니라 결과물로 진술되어야 한다. 만약 이 임무가 완수되었는지 알고 싶다면 그 인사관리 담당자가 어떤 행동을 하였는지 볼 필요 없이 그 행동을 통해 완수되는 결과가 무엇인지 보면 되는 것이다. 즉, '자격 조건이 충족되는 근로자의 채용'이라는 결과가 나왔는지의 여부만 파악하면 되는 것이다. 근로자의 채용이라는 궁극적인 결과를 가져오기 위해 인사관리 담당자는 채용 광고를 내고 학교를 찾아가거나 지원자와 인터뷰를 하는 등 많은 종류의 행동을 하게 되지만, 이러한 행동 중 어느 것도 그 사람의 임무를 진술하는 데 쓰여서는 안 된다. 만약 어떤 임무가 행동으로 진술되어 있다면 그 임무는 잘못 파악된 것이다. 임무는 반드시 결과로 진술되어야 한다.

Control

만약 인사관리 담당자가 적절하게 그 임무를 수행한다면 회사 내의 모든 자리가 자격이 충족되는 사람들로 채워지게 될 것이다. 따라서 인사관리 담당자는 채용에 있어서 회사 내 어느 누구보다도 더 큰 권한을 가지고 있어야 한다. 다시 말하면, 인사관리 담당자는 그의 직무를 수행하여 최종 결과를 만들어 내는 데 있어서 다른 누구보다도 더 많은 통제력(control)을 가지고 있어야 한다.

어떤 직무를 수행하는 사람이 자신의 직무를 수행함에 있어서 통제력을 가지고 있는지에 대한 여부는 다음과 같은 질문을 통해 알아볼 수 있다. 만약 직무 담당자가 직무 기술서에 서술되어 있는 바와 같이 그 사람이 가진 권한 내에 있는 모든 것을 할 수 있고, 이용할 수 있는 모든 자원(resource)을 활용할 수 있다면 그 사람이 최종 결과물을 만들어 내는 데 있어서(즉, 임무를 완수하는 데 있어서) 확실한 영향력을 발휘할 수 있는가? 만약 이 질문에 대한 답이 '그렇다'라면, 그 사람은 직무를 수행함에 있어서 통제력을 가지고 있는 것이며, 그 직무의 임무가 올바로 파악된 것이라 할 수 있다. 만약 그 사람이 최종 결과에 미치는 영향력이 미미하다면(즉, 통제력이 없다면), 그 임무는 올바로 파악된 것이라 볼 수 없다. 바꾸어 말하자면, 회사 내 다른 사람이 그 사람보다 더 많은 통제력을 가지고 있다면, 그 임무는 올바로 파악된 것이라 할 수 없다.

그러나 임무가 잘못 파악된 경우는 실제 현장에서 수없이 많이 찾아볼 수 있다. 어떤 세일즈 팀 팀장의 경우를 다시 생각해 보자. 많은 경우 세일즈 팀의 팀장은 판매량을 증가시키는 데 책임을 지고 있으며, 판매량 증가가 그의 임무라고 생각하기 쉽다. 그러나 팀장의 임무가 '판매량 증가'라고 정의한다면, 이는 잘못 파악한 임무다. 앞서 언급한 바와 같이, 어떤 사람의 임무를 올바르게 파악하였다면 그 사람이 임무를 수행하는 데 있어서 상당한 통제력을 가지고 있어야 한다. 그렇다면 세일즈 팀의 팀장은 '판매량 증가'를 완수하는 데 있어서 통제력을 가지고 있는가? 물론 팀장이 직접 고객에게 전화를 하거나 방문함으로써 판매량을 증가시키는 데 있어서 약간의 도움이 될 수는 있겠지만, 판매량을 증가시키는 데 있어서 더 큰 통제력을 가지고 있는 것은 팀장이 아니라 세일즈맨들이다. 이를테면 팀장을 포함하여 열 명으로 구성된 세일즈 팀이 있다면 팀장이 판매량 증가에 영향력을 미칠 수 있는 정도는 1/10에 불과한 것이다. 따라서 '판매량 증가'는 팀장이 통제력을 가지고 있지 못하다는 점에서 그의 임무가 되어서는 안 되는 것이다.

이와 같은 잘못 파악된 임무는 현실에서 수 없이 많이 찾아볼 수 있다. 예를 들어, 어떤 제조업체에서 생산관리 감독자가 다섯 명의 생산직 종업원을 관리하고 있다고 가정하자. 각 종업원이 일주일에 100,000개의 부품을 조립하는 것을 목표로 하고 있다면, 이 감독자는 일주일에 500,000개의 부품을 조립하는 것에 대해 책임을 지고 있는 것으로 쉽게 생각할 수 있다. 다시 말하면, 이 감독자의 **임무**는 '일주일에 500,000개 이상의 부품 조립'이라고 생각할 수 있다. 과연 이 임무는 제대로 파악한 임무라고 할 수 있을까? 만약 이 감독자가 해야 할 일이 단지 다섯 명의 생산직 종업원들이 조립해야 하는 제품의 수를 합한 것만큼의 제품 조립이 될 수 있도록 하는 것이라면, 이 관리자는 무엇 때문에 필요한 것인가? 여기서 중요한 것은 감독자의 임무는 **생산직 종업원이 할 수 없는** 어떤 것이어야 한다는 것이다. 만약 이것이 생산직 종업원도 할 수 있는 것이라면 굳이 감독자를 둘 필요가 없으며, 이것이 감독자의 임무라고도 할 수 없을 것이다.

그렇다면 제대로 파악된 감독자의 임무는 무엇일까? 어떤 조직에서든 공통적인 감독자의 임무는 관리 대상이 되는 모든 종업원이 수준 이상의 직무수행을 할 수 있도록 해 주는 일이라고 볼 수 있다. 앞서 나온 예를 적용하여 설명하자면 감독자의 임무는 '일주일에 500,000개 이상의 부품 생산'이 아니라 '다섯 명의 종업원 모두 일주일에 100,000개 이상의 부품 생산'이 되어야 할 것이다.

만약 다섯 명의 종업원 중에서 네 명의 종업원은 직무수행 수준이 극히 저조한데도 불구하고 나머지 한 사람의 종업원이 다른 종업원에 비해 6~7배의 생산성을 보임으로써 팀 전체 생산량이 목표를 초과 달성한 것으로 나타났다면, 이것은 감독자의 우수한 관리 역할 때문이라고 할 수 있겠는가? 아닐 것이다. 오히려 다섯 명의 종업원 중에서 네 명의 종업원이 목표를 달성하지 못했다는 점에서 감독자의 수행 능력에 문제가 있는 것으로 판단하는 것이 옳을 것이다.

이와 같이 '통제력' 여부를 고려해 보는 것은 어떤 직무의 임무를 파악함에 있어서 매우 중요한 것이다. 만약 파악된 임무가 이후 이 '통제력' 기준을 통과하지 못한다면, 그 임무는 다시 파악되어야 한다.

Overall Objective

어떤 종류의 직무든 그 임무는 직무의 전반적 목표(Overall Objective)를 잘 반영하고 있어야 한다. 임무가 전반적 목표를 잘 반영하고 있는지를 알아보려면 파악된 임무를 완수했을 때 또 다른 해야 할 어떤 일이 남아 있는지의 여부를 파악해 보면 알 수 있다. 만약 남아 있다면, 임무 파악이 잘못된 것이다. 예를 들어, 앞서 들었던 인사관리 담당자의 임무가 '채용 면접 완료'라고 파악하였다면, 이는 잘못 파악한 임무라고 할 수 있다. 이는 채용 면접을 완료하였더라도 여전히 '자격 조건이 충족되는 근로자 채용'이라는 과업이 남아 있기 때문이다.

Reconcilable

조직 내의 모든 직무는 그 직무를 수행함에 있어서 다른 직무의 수행에 방해가 되어서는 안 된다. 예를 들면, 어떤 인사 훈련 담당자의 임무가 '종업원 훈련'이라고 한다면 극단적인 경우의 최종 결과는 모든 종업원을 계속 훈련에 참여시키는 것이 될 수 있다. 이것은 비현실적일 수밖에 없으며, 조직 내의 다른 모든 직무수행과 조화를 이룰 수 없기 때문에 올바르게 파악된 임무라고 볼 수 없다.

임무가 상충되는 직무의 대표적인 예로 생산 관리자와 품질 관리자를 들 수 있다. 생산 관리자는 어떤 정해진 시일 내에 상품을 생산하여 공장 밖으로 내보내야 하는 임무를 가지고 있는 반면, 품질 관리자는 불량 제품이 공장 밖으로 나가는 것을 방지하기 위한 임무를 가지고 있기 때문에 임무가 상충되는 경우가 발생하기 마련이다. 이와 유사하게 생산 관리자와 판매 관리자도 임무가 상충되는 경우가 많다. 판매 관리자의 임무는 가능한 많은 상품을 파는 것이라고 한다면 생산 관리자의 임무는 가장 저렴한 비용으로 상품을 생산하는 것이 될 수 있다. 따라서 판매 관리자는 상품의 사이즈나 모양 혹은 색깔 등이 가능한 다양하게 생산되기를 원하는 반면, 생산 관리자는 이런 것들이 획일적이기를 원한다.

어떤 한 조직 내에서 다양한 직무가 가지고 있는 임무가 상충되지 않게 조정할 수 있는 능력은 그 조직의 전반적인 성공 여부와 밀접한 연관성을 가지고 있다. 조직 전체 차원에서의 임무를 완수하는 데 있어서 조직 내 모든 직무가 서로 협조적 관계를 가지고 있지 못하다면 그 조직은 최상의 결과를 이끌어 낼 수 없게 된다. 따라서 조직 내 모든 구성원은 각자가 하고 있는 일을 좀 더 잘하는 것이 과연 어떤 가치가 있는지에 대한 생각을 해 볼 필요가 있다. 어떤 경우에 있어서는 조직 내의 어떤 파트가 좀 더 잘하게 됨으로써 조직의 다른 파트에는 오히려 해가 될 수도 있다.

모든 직무의 수행은 일종의 시스템하에서 이루어져야 한다. 이를테면, 어떤 한 사람이 하는 일은 다른 사람이 또 다른 일을 할 수 있도록 해 주는 것이 되어야 한다. 일반적으로 우리는 어떤 사람이 일을 제대로 해내지 못한 것 때문에 다른 사람조차도 일을 해낼 수 없게 되는 경우는 잘 알고 있지만, 조직의 어떤 한 부서나 사람들이 너무 잘함으로써 조직의 다른 부분에 **부정적 영향**을 미칠 수 있다는 것에 대해서는 잘 생각해 보지 않는 경향이 있다. Goldratt와 Cox는 그들이 쓴 *The Goal*이라는 책에서 이와 같은 '**시스템**'을 이해하는 것이 얼마나 중요한 일인지 강조한 바 있다. 그들의 요점은, 말하자면 '**병목(bottle neck)**'이 어떤 시스템이든 그 시스템의 생산성을 결정한다는 것이다. 어떤 시스템이든, 만약 병목이 존재한다면 '더 많은 것이 항상 더 좋은 것'이 될 수 없다는 것이다. 이 것을 직무수행관리 차원에서 해석해 보자면, 만약 어떤 사람, 팀, 혹은 부서가 생산하는 것이 그 조직에 있어서 병목현상을 일으키고 있다면, 그들이 생산하고 있는 것에 대해 긍정적으로 생각해서는 안 된다는 것이다. 간단히 보면 더 많이 생산해 내는 것이 더 좋은 것으로 보일지는 모르지만, 조직의 한 부분에서 더 많이 생산하는 것이 실제로는 비용 증가만을 초래하게 된다. 왜냐하면, 조직의

한 부서에서 생산하는 것이 그다음 단계 혹은 부서에서 제대로 처리되지 못한다면 이것은 필요하지 않는 생산에 대해 비용만 소요된 것이기 때문이다. 따라서 이러한 상황에서는 더 많이 생산하는 것에 대해 소위 '강화'를 제공하는 것은 바람직하지 못하다. 바꾸어 말하자면, 병목현상이 발생되지 않는 한도 내에서 가능하면 많이 생산하는 것에 대해서만 강화를 제공해야 한다. 그리고 이러한 단계에 오게 되면 오히려 생산성 증가와 관련된 행동보다는 조직에 이득이 될 수 있는 다른 종류의 행동(예를 들면, 병목현상을 제거할 수 있는 데 도움이 되는 행동이나 조직의 전체적인 효율성을 증가시킬 수 있는 행동들)에 대해 강화를 제공해야 한다.

결론적으로, 어떤 직무의 임무 수행이 또 다른 직무의 임무 수행에 어떠한 영향을 미칠 수 있는지에 대한 정확한 평가 없이는 파악된 임무의 적절성에 대한 ACORN 테스트를 통과하지 못한 것이라 할 수 있다.

Number

어떤 직무의 임무 완수 여부를 측정할 수 있는 방법은 여러 가지가 있다. 예를 들어, 앞서 언급하였던 인사관리 담당자의 임무 완수 여부는 간단히 자격 요건이 충족되는 사람들의 채용 퍼센트로 측정할 수도 있다. 일반적으로 임무 완수 여부는 품질, 수량, 적시성, 비용 등의 다양한 차원에서 측정할 수 있으며, 측정이 불가능한 직무는 없다. 그렇다면 중요한 것은 어떤 직무의 임무에 대해 '측정하는 것이 가능한가?'에 대한 질문보다는 '측정을 하는 것이 과연 실용성이 있는가?'라는 질문을 해 보는 것이다. 실용성 여부는 다음의 두 가지 질문을 통해 평가할 수 있다.

- 측정비용: 너무 많이 들지 않는가?
- 타당성: 측정에 의해 나온 수치가 임무 완수의 정도를 정확히 반영하는가?

간략히 말하자면, 어떤 직무의 임무는 반드시 실용적으로 수량화될 수 있어야 한다. 만약 어떤 임무의 완수 여부가 수량화되지 못하거나, 혹은 수량화하는 데 있어서 실용적이지 못하다면 그 임무는 잘못 파악된 것이다.

올바르게 임무를 파악하게 되면 과거에 존재하였던 직무수행과 관련된 비효율성이나 불필요한 직무 등이 드러나기 시작할 수 있다. 이를테면, 임무 파악을 제대로 하게 되면 직위는 있되 그 직위에서 실제로 하는 일이라고는 고작 조직의 하부에서 상부로(혹은 상부에서 하부로) 정보 전달의 역할만을 하는 사람을 발견할 수도 있다. 이런 사람이 조직에 존재한다는 것은 조직의 효율성에 부정적 영향을 미칠 뿐만 아니라 자신의 위치에서 제대로 임무를 완수하고 있는 사람에게 불공정한 상황을 만들게 된다. 따라서 직무의 임무를 올바르게 파악하는 것은 불필요한 직무를 제거해 낼 수도 있게 해 주며, 조직 내 모든 직무가 조직의 전반적인 임무를 완수하는 데 서로 기여할 수 있도록 한다.

05

정적 강화와 리더십

앞 장에서는 사람들의 행동을 변화시키기 위해서 행동 뒤에 나타나는 결과를 잘 관리하는 것이 중요하다는 사실을 알았다. 그리고 이러한 결과 중에서도 정적 강화인(positive reinforcer)의 역할에 대해 이해하고, 이를 잘 적용하는 것이 필요하다는 것도 언급하였다. 그렇다면 정적 강화에는 어떠한 것이 있는지를 보다 자세히 알아보고, 이를 어떻게 적용할 것인지에 대해 살펴보도록 하자.

강화의 종류

사회적 강화인

사회적 강화인(social reinforcer)은 사람들 간의 상호작용을 통해 나타난다. 이를테면, 직장에서는 상사와 부하직원 간에 수 없이 많은 상호작용이 일어나는데, 이러한 상호작용 중에 나타날 수 있는 다양한 것이 강화인으로 작용할 수 있다. 예를 들면, 부하직원이 열심히 일할 때 그것에 대해 관심을 가져 주거나 수고한다는 말 한마디 해 주는 것 등이 사회적 강화인에 속한다. 그러나 이러한 강화인의 중요성에 대해서는 일반적으로 잘 인식되지 못하고 있다. 직원이 훌륭하게 직무를 수행하고 있을 때 상사가 이에 대해 인정(recognition)해 주고 관심을 가져 주는 것이 아주 강력한 강화인이 될 수 있음에도 불구하고 실제로 이를 강화인으로 인식하고 잘 이용하는 상사나 리더는 많지 않다.

조직에서 사용할 수 있는 대표적인 사회적 강화인으로서 "아주 잘했습니다. 앞으로도 계속 그렇게 잘해 주시면 고맙겠습니다." 등과 같은 바람직한 직무수행에 대한 직접적인 표현을 하는 것을 들 수 있다. 그러나 이렇게 직접적이지는 않더라도 아주 간단한 제스처 등으로도 직원의 노력에 대해 칭찬하는 것 역시 효과적인 강화인으로 작용할 수 있다. 이를테면, 어깨를 한 번 툭 쳐주는 것, 엄지를 세우면서 '잘했어' '좋아!' 등과 같은 제스처와 함께 짧은 표현을 하는 것도 효과적인 사회적 강화인이 될 수 있다. 많은 사람이 돈과 같은 물질적인 것으로 모든 것을 해결할 수 있다고 생각하지만, 이와는 달리 사실은 물질적인 것보다는 상대방으로부터 자기가 한 일에 대해 인정을 받거나 긍정적 평가를 받는 것이 사람들에게 더 큰 도움이 된다. 어느 한 여론 조사에 의하면 사람이 이직하게 되는 가장 큰 이유가 자신이 하는 일에 대한 남들로부터의 인정이 없기 때문이라고 한다.

기업에서 가끔 직원에게 제공하는 기념패, 상패, 트로피 등과 같은 것은 물질적인 강화인의 형태를 띠기는 하지만 실제로는 사회적인 강화인으로서의 기능을 한다. 왜냐하면 이런 것은 그것을 받는 사람 이외에는 거의 아무런 물질적 가치가 없기 때문이다. 예를 들면, 여러분의 이름이 새겨진 트로피가 다른 사람에게 어떤 의미가 있겠는가? 그러나 당사자에게 이런 상패와 트로피 같은 것은 의미가 클 수 있다. 물론 이런 것이 강화인으로서의 역할을 하지 못하는 경우도 허다하다. 그 이유는 이런 것이 성과나 노력의 여하와는 상관없이 형식적으로 주어지는 경우가 많기 때문이다. 따라서 이런 종류의 강화인은 반드시 직무수행을 바탕으로 제공되어야 그 효과가 나타날 수 있다.

물질적 강화인

혼히 많은 사람은 '강화'라는 개념을 돈이나 혹은 돈으로 살 수 있는 물건과 같은 경제적인 것이라고 생각한다. 그러나 앞에서 이미 언급한 것과 같이 기업에서 사람들의 관리를 위해 가장 효과적으로 적용할 수 있는 것은 물질적 강화인이라기보다는 사회적 강화인이다. 그렇지만 물질적 강화인도 중요한 형태의 강화인인 것은 틀림이 없다.

물질적 강화인은 특히 세일즈 분야에서 자주 이용되어 왔으며, 이 분야에서 오랫동안 성공적으로 적용되어 왔다. 예를 들면, 영업사원이 판매 실적을 올리는 경우 이에 대해 다양한 형태의 물질적인 강화인(예: 커미션, 상품, 휴가 등)을 제공하여 판매 실적을 더욱 증가시켰던 많은 사례가 있다. 그러나 물질적 강화인을 적용했을 때의 성공 여부는 얼마나 '적절하게' 강화를 계획하는가에 달려 있다는 사실을 명심할 필요가 있다. 그 이유는 물질질 강화인이 적절하게 적용되지 못하면 오히려 적용하지 않는 것보다 못할 가능성이 높기 때문이다.

물질적 강화인을 보다 성공적으로 적용하기 위해서는 사회적 강화인과 함께 제공하는 것이 필요하다. 그 이유는 물질적 강화인을 제공할 때 자연스럽게 사회적 강화인을 제공할 기회가 생기기 때문이다. 아마 기업의 리더로서 해서는 안 될 가장 나쁜 행동이 물질적 강화인을 제공하면서 사회적 강화인은 제공하지 않는 것일 것이다. 만약 회사로부터 보너스만 받고, 상사로부터 이에 대한 아무런 말을 듣지 못한다면 부하직원은 어떠한 느낌이 들까? 아마 가장 나쁜 경우는 직원이 보너스와 같은 경제적인 강화를 받고도 회사에 대해 감사하게 생각하지 않는다든지 혹은 당연히 받을 것을 받았다고 생각하게 되는 경우일 것이다. 사회적 강화인 없이 물질적 강화인을 제공하게 되면 항상 이런 상황이 발생할 가능성이 있다. 저자의 경험으로 비추어 볼 때 가장 나쁜 경제적 강화인은 특별한 이유 없이 제공되는 것이다. 추석 보너스를 예로 들어 보자. 과연 추석 보너스가 강화인으로서 기능을 할 수 있을까? 추석 보너스는 추석만 되면 누구든지 당연히 받는 것이라는 생각이 들기 쉽다. 그리고 보너스가 지급되지 않는 해가 있다면 아마 직원의 불평은 대단할 것이다.

일의 과정 중에 발생하는 강화인

많은 사람이 알고 있겠지만 자기 일을 즐기면서 하는 사람들에게는 일을 하는 과정 중에 생기는 많은 '자연 발생적 강화인'이 있다는 것을 느낀다. 하루의 일을 열심히 함으로써 최종 목표에 조금 더 다가갈 수 있다는 사실은 이런 사람들에게는 대단히 중요한 강화인으로 작용할 수 있다. 사람들의 모든 행동이 사회적 강화인이나 물질적 강화인에 의해서만 강화되는 것은 아니다. 오히려 자연 발생적 강화인이 우리의 행동에 더 큰 영향을 미친다. 일을 할 때 느낄 수 있는 성취감이 바로 이런 강화인의 일종이다. 컴퓨터 게임을 하면서 느끼는 재미 또한 이러한 자연 발생적 강화인이라고 볼 수 있다. 이러한 자연 발생적 강화인이 행동에 미치는 영향력이 강력하다는 사실은 우리 주변에서 가끔 볼 수 있는 일 중독이나 게임중독에 빠진 사람들을 통해 잘 알 수 있다. 물론 일 중독이나 게임중독이 전혀 바람직한 현상은 아니지만 자연 발생적 강화인의 영향력이 얼마나 클 수 있는지를 잘 보여 준다.

행위를 할 기회

어떤 행위를 할 기회를 가지는 것 또한 강화인의 역할을 할 수 있다. 예를 들어, 어떤 직원이 회사 사무실에서 행정 업무를 하는 것과 회사 바깥에서 거래처 사람을 만나는 것 중에 후자를 좋아한다고 가정한다면, 후자를 할 수 있는 기회가 다른 행위를 하는 것에 대한 강화인으로 작용할 수 있다는 것이다.

사람들은 제각각 일에 대한 선호도가 다르다. 만약 회사에서 많은 직원이 해 주기를 바라지만 직원이 하기를 꺼려하는 어떤 직무가 있다면, 이 직무를 하게 하기 위해서는 어떻게 하면 좋을까? 아마 싫어하는 직무를 모두 마치고 나면 그들이 선호하는 직무를 할 수 있도록 해 주는 방법이 있을 것이다. 이것을 프리맥의 원리(Premack Principle)라고 한다.

저자도 프리맥의 원리를 이용한 연구를 수행한 적이 있다. 비행청소년들을 선도하기 위한 한 가지 방법으로 비행청소년을 소년원에 보내는 것보다는 지역사회복지관에서 봉사활동을 하게 하는 제도가 우리나라에 있다. 이 제도는 비행청소년을 소년원에 보내는 것보다는 사회복지관에서 봉사활동을 하게 하는 것이 청소년의 비행을 줄이는 데 더 효과가 크다는 연구 결과에 기초한 것이었다. 그러나 문제는 사회복지관에 배정된 비행청소년의 지각과 결석이었다. 지각과 결석을 많이 하는 청소년은 그렇지 않은 청소년에 비해 봉사활동을 마치지 못하게 되는 경우가 많았다. 또한 통계 자료에 의하면 봉사활동을 마친 청소년과 그렇지 못한 청소년의 재범률이 크게 차이가 있었기 때문에 어떻게 해서든 봉사활동을 마치게 하는 것이 중요한 과제였다. 그리고 봉사활동을 마치는 데 가장 나쁜 영향을 미치는 것이 지각과 결석이었기 때문에 이를 감소시키는 것이 저자의 연구 목적이었으며, 이를 위해 적용한 것이 프리맥의 원리였다.

청소년이 지역사회복지관에서 하게 되는 봉사활동에는 다양한 것이 있었다. 예를 들면, 독거노인을 위한 도시락 배달, 복지관 시설물 청소, 복지관 식당일 돕기, 복지관 구내 화단 가꾸기 등등이 있었다. 그래서 연구를 시작하면서 청소년에게 만약 그 전날 결석이나 지각을 하지 않았을 경우, 본인이 원하는 활동을 할 수 있는 기회를 주겠다는 약속을 하였다. 그 결과, 청소년의 지각과 결석은 현저하게 줄어들었다. 여기서의 핵심은 본인이 보다 선호하는 활동을 할 기회를 가지는 것이 강화인으로 작용하였다는 것이다. 아마 이와 비슷한 원리를 직장에서도 적용할 수 있을 것이라 생각된다. 예를 들어, 전 세계에 지사가 있는 글로벌 기업이 있는데 직원들이 가서 근무하기를 꺼려하는 A라는 어떤 특정 지역이 있다고 가정해 보자. 어떻게 하면 직원들이 이 A지역에 흔쾌히 가서 근무하게 할 수 있을까? 아마 가장 먼저 필요한 것은 직원이 선호하고 있는 근무 지역이 어디인지를 파악하는 것일 것이다. 선호하는 근무 지역이 파악이 되었다면, A지역에서 일정기간 동안 근무하는 데 대한 결과(강화)로서 직원이 선호하는 근무 지역에 근무할 수 있는 기회를 준다면 문제 해결이 가능할 것이다.

기계적으로 고안된 강화인

이러한 종류의 강화인은 우리 생활 주변에서도 흔히 볼 수 있다. 대표적인 예는 대형 마트에서 계산원이 물건 값을 계산하기 위해 물건을 스캔하는 작업을 들 수 있다. 물건을 제대로 스캔하게 되면 '삐' 하는 전자음이 들리고, 만약 스캔이 제대로 되지 않왔다면 '삐삐' 등과 같이 다른 종류의 소리가 들린다. 계산원들은 어떤 소리가 올바른 스캔 행동을 했을 나오는 소리인지 이미 알고 있기 때문에 그 특정 소리는 올바른 스캔 행동에 대한 강화인으로서 작용할 수 있는 것이다.

이와 같이 어떤 기계나 작업 과정 안에 기계적으로 고안되어 있는 강화인은 바람직한 직무수행에 대해 사람의 개입 없이 자동으로 제공될 수 있다는 이점이 있다. 또한 자동으로 제공되는 이러한 종류의 강화인은 긍정적(E)이며, 즉각적이고(T), 중요한 것이며(I), 또한 매번(P) 제공될 수 있기 때문에 행동을 지지하는 강력한 효과를 가질 수 있다.

리더의 역할

리더의 특성은 사람들을 관리함에 있어서 어떤 결과를 사용하느냐에 따라 나타난다. 만약 리더가 주로 부정적 방법(예: 처벌)을 통하여 사람을 관리한다면 부정적인 행동이나 결과에 대해 초점을 두게 되기 쉬우며 직원은 부정적 결과가 오는 것을 회피하는 데에만 급급하게 되기 쉽다. 이와 반대로, 바람직한 행동을 지지해 주는 긍정적인 방법을 주로 사용한다면 직원이 기대 수준 이상의 성과를 거둘 수도 있다. 그 이유는 직원들이 부정적인 결과를 회피하기 위해 마지못해 일하는 것이 아니라 스스로 일을 잘하기를 원하게 되기 때문이다. 이렇게 바람직한 행동을 할 수 있도록 긍정적 결과를 제공하여 사람들로 하여금 **자발적인 노력**을 할 수 있도록 해 주는 것이 리더가 해야 할 중요한 역할 중의 하나라고 할 수 있다. 리더십에 대한 **평가**는 회사 내에서 **자발적 노력**을 하는 직원의 비율이 얼마나 높으냐에 따라 이루어질 수 있다. 긍정적인 리더는 직원으로부터 많은 지지를 받을 수 있기 때문에 보다 효율적으로 일을 처리할 수 있게 된다. 그러나 부정적인 리더의 경우에는 직원이 자발적 노력을 하지 않게 되고, 따라서 생산적이지 못하며, 효율성은 떨어지게 된다. 현실적으로 본다면, 리더가 항상 긍정적 결과만을 사용할 수는 없을 것이다. 모든 직원이 항상 만족스러운 수준으로 일을 하는 것은 아니기 때문에 긍정적 결과와 부정적 결과를 모두 사용해야 한다. 그러나 중요한 것은 이 둘을 어떻게 조화롭게 적용하느냐에 달려 있다. 많은 리더는 스스로를 긍정적인 리더라고 생각하면서도 실제 리더십을 발휘하는 스타일에 있어서는 부정적인 경우가 많다. 다음 세 가지 사항을 체크해 보면 리더십이 어떤 스타일인지 알아볼 수 있다.

- 능력 있는 직원을 보유하고 있기가 어렵다.
- 직원의 수행 수준이 급속히 떨어진다.
- 소속 직원이 다른 부서나 회사로 옮겨 가기는 하는데 옮겨 오는 직원은 거의 없다.

만약 이 세 가지 사항이 모두 해당된다면 결코 좋은 리더는 아닐 것이다. 다음에 나와 있는 내용은 좋은 리더가 되기 위해 반드시 알아야 할 사항들이다.

아무것을 하지 않는 것도 무엇인가 하는 것이다

앞서 강조한 바와 같이 좋은 리더는 긍정적 결과를 주로 제공하며, 부정적 결과는 최소한으로 제공한다. 그렇다면 아무것도 하지 않는(아무런 결과를 제공하지 않는) 리더는 어떤 리더인가? 어떻게 보면 부하직원이 자유롭게 행동할 수 있는 기회를 줄 수 있다는 장점이 있는 듯도 하지만 사실은 상당히 부정적 결과를 초래하게 된다. 앞서 언급한 적이 있듯이 많은 리더는 일을 아주 잘 처리하는 직원보다는 그렇지 못한 부하직원에게 더 많은 신경을 쓰게 된다. 따라서 어떤 문제가 발생하게 되면 그 문제를 일으킨 직원을 어떻게 변화시킬 것인가에 대해 고민하고 또 그의 행동을 변화시켜 보려고 한다. 그러나 문제는 이렇게 문제가 있는 직원에게 너무 많은 시간을 소비하다 보면 일을 잘하고 있는 대부분의 직원에 대해서는 소홀하게 되기 쉽다는 것이다. 이를 돌려서 말해 보면 대다수의 직원이 하고 있는 바람직한 직무 행동에 대해서는 긍정적 결과가 충분히 제공되지 않는다는 것을 의미한다.

앞서 E-TIP/D-TIP® 분석에서 보았듯이 바람직한 행동에 대한 긍정적인 결과가 없다면 이 행동은 지속되기 어렵고, 궁극적으로는 사라지게 된다. 다시 말하면, 리더가 직원의 바람직한 행동에 대해 긍정적 결과를 제공하지 않는다면, 이것은 아무것도 하고 있지 않은 것이 아니라 직원의 바람직한 행동을 감소시키고 있다는 것을 의미한다. 이것을 행동분석적 용어로 행동의 소거 (extinction)라고 한다.

그렇다면 소수의 아주 뛰어난 직원에게 관심을 가지고 이들의 행동을 관리하는 것은 어떠한 효과가 있을까? 물론 바람직한 행동을 정적 강화를 통해 강화하는 것은 바람직한 일이다. 그러나 여기서도 중요한 사실은 소수의 뛰어난 직원에만 긍정적 결과를 제공하고 나머지 사람의 행동에 대해서는 아무런 정적인 결과를 제공하지 않는다면 이는 결코 바람직하지 못하다는 것이다. 미국의 경우, 많은 기업에서 직원의 생산성을 독려하기 위해, 이를 테면 '이달의 사원(Employee of the Month)'과 같은 제도를 적용하고 있다. 그러나 이 제도는 여러 가지 문제를 가지고 있다. 그중 가장 큰 문제는 '승자'보다는 '패자'가 더 많다는 사실이다. 다시 말하면, 어떤 한 직원이 '이달의 사원'이 된다면 나머지 사람들은 그간 열심히 한 행동에 대한 아무런 긍정적 결과를 제공받지 못하는 셈이 된다. 사원들 중 가장 높은 평가를 받은 사람이 모든 것을 독식하는 셈이다. 만약 두 번째로 높은 평가를 받은 사람이 아주 근소한 차이로 '이달의 사원'에서 탈락했다면, 그리고 그 사실을 본인이 안다면 어떤 느낌일까? 독자 여러분의 상상에 맡기겠다. 이러한 문제점 때문에 어떤 회사에서는 '이달의 사원'으로 한 사람을 선발하는 것이 아니라 다수의 사람을 선발하는 방법을 적용하기도 한다. 과연 이 방법은 문제가 없을까? 오히려 더 큰 문제를 일으킬 수도 있다. 아마 다수의 사람이 '이달의 사원'으로 선정되는 경우 그 나머지 사람이 느끼게 되는 좌절감이나 부정적 정서는 한 사람만이 선정되는 경우보다 훨씬 더 그 정도가 심할 것이다.

결론적으로 말하자면, 훌륭한 리더가 되기 위해서는 양쪽 극단에 속하는 직원에 대한 관리뿐만 아니라 대다수의 직원에게 오히려 더 많은 관심을 가지고 그들의 행동을 관리해야 한다.

정적 강화는 물질적인 것만을 의미하는 것은 아니다

행동과학을 접해 본 일부 사람 중에서는 정적 강화를 돈과 같은 물질적인 것으로만 생각하는 사람이 있다. 그러나 정적 강화에는 물질적인 것도 포함되기는 하지만 꼭 그것만을 의미하는 것은 아니다. 기업을 운영하는 리더가 이 사실을 이해하는 것은 아주 중요하다. 흔히 직원의 연봉을 높여 주는 것이 직원의 동기를 높이는 가장 좋은 방법이라고 생각하는데, 이는 인간 행동에 대한 잘못된 이해에서 비롯된다. [그림 5-1]은 강화 피라미드라고 부르는데, 기업에서 사용할 수 있는 다양한 강화인을 종류별로 묶고 그 종류에 따라 사람들의 행동에 미치는 영향력의 크기를 보여 준다.

[그림 5-1]에서 보는 바와 같이 '자연적 강화'가 가장 큰 영향력을 미친다. 이를테면 타인이나 혹은 회사에서 제공하는 강화보다는 일을 하면서 자연스럽게 얻게 되는 강화가 행동에 미치는 영향력은 훨씬 더 크다. 우리가 흔히 하는 말 중에 "열심히 일하는 사람은 결코 즐겁게 일하는 사람을 이길 수 없다."라는 말이 있다. 이 말이 바로 자연적 강화의 중요성을 대변하고 있다. 물론 기업

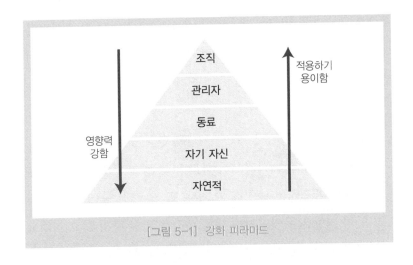

조직

관리자

동료

자기 자신

자연적

영향력
강함

적용하기
용이함

[그림 5-1] 강화 피라미드

의 조직 차원에서 제공하는 경제적인 것들(보너스, 연봉) 등도 직원의 행동에 영향을 미치기는 하지만 그 효과 면에 있어서는 자연적 강화보다는 결코 뛰어날 수 없다. 즉, '돈만 많이 주면 사람은 열심히 일을 한다.'는 생각을 리더는 버려야 한다. 다른 회사에 비해 연봉이 높거나 보너스를 많이 받는 것, 그리고 그 외의 다양한 경제적 편리함을 제공받는 것이 결코 나쁜 것은 아니다. 그러나 이런 것들은 **자발적 노력**(discretionary efforts)을 이끌어 내는 데 있어서 **필요조건**이 될 수는 있으나 **충분조건**은 되지 못한다. 기업을 운영하는 리더는 돈과 같은 경제적인 것 이외에 정적 강화로 사용할 수 있는 다양한 것이 있다는 사실을 이해해야 한다. 리더가 직원에게 건네는 따뜻한 한마디의 말, 직원의 노력에 대한 인정, 칭찬 등도 큰 액수의 보너스나 연봉 인상만큼, 혹은 그 이상의 큰 역할을 할 수 있다.

다음의 내용은 미국의 한 보험회사 CEO가 겪었던 실제 사례인데, 리더의 정적 강화에 대한 이해가 얼마나 중요한지를 잘 보여준다.

미국 전역에 퍼져 있는 3,000여 명의 우리 회사 직원들은 최근까지 우리 회사가 추구하고 있는 것이 무엇인지, 어떻게 목표를 계획하고 추구해 가는지, 또 그 과정 중에 직원 개개인의 역할은 무엇인지에 대한 생각을 거의 하지 않고 지내고 있었다. 이것을 알게 된 후 나는 내 팀과 함께 미래를 위한 비전을 세웠다. 그 비전은 'Journey to Greatness'이었고, 이 비전에 맞추어 미래 전략을 구상하고 올바른 기업문화를 만들 방법을 모색해 나갔다.

미래의 사업 전략을 구상하고 만들어 내는 것은 어려운 일이 아니었고 어떻게 보면 단순한 것이었다. 오히려 어려운 것은 사람과 관련된 부분과 올바른 기업문화를 만드는 부분이었다. 그래서 이 부분에 대한 행동과학적 지식이 필요하였다.

CEO로서 내가 가지고 있는 가장 중요한 책임 중의 하나는 회사의 모든 사람이 회사가 추구하는 바가 무엇인지, 목표한 것을 추구하기 위해 어떻게 해야 하는지, 또 그 과정에서 각자의 역할이 무엇인지를 알게 해 주는 것이라고 생각하였다.

대부분의 기업 CEO는 CEO가 일선의 모든 직원과 대화하는 것은 불가능하다고 생각할 것이다. 그러나 나는 CEO로서 그것이 얼마나 중요한 것인지를 인간 행동에 대한 이해를 통해 알게 되었다. 나는 미국 전역에 퍼져 있는 직원 3,000명 모두와 대화하는 것을 약 1년이라는 시간을 들여 실행으로 옮겼다. 나는 이 과정에서 우리 직원이 CEO와의 대화를 얼마나 소중하게 생각하고 있는지를 비로소 깨닫게 되었다.

3,000명의 직원은 10명에서 20명 정도의 크기로 이루어진 그룹으로 나누었고, 나는 1년 동안 총 175번의 미팅을 하였다. 나는 먼저 직원들에게 그들이 일하고 있는 분야에서 어떤 일이 진행되고 있는지에 대해 묻는 질문으로 미팅을 시작하였다. 그런 후 CEO로서 우리 회사 전반에 대한 이야기를 펼쳐 나갔다. 즉, 우리 회사는 지금 어떤 상황에 있는지, 어디로 향하고 있는지에 대해 허심탄회하게 이야기하였다. 나는 그 이야기를 할 때 그 모임에 있는 직원들이 속해 있는 부서에 맞도록 내용을 정리해 가면서 내 메시지를 전달하려고 노력하였다.

나는 직원들과의 대화에서 특히 그들의 직무 행동에 대해 그들이 제공받는 결과(consequences)가 무엇인지를 파악해 내려고 노력하였다. 왜냐하면 그 결과를 알아야 목표 달성을 위한 중요한 행동을 조절할 수 있기 때문이었다.

그 모든 미팅이 의미가 있었던 것은 내가 미팅에서 했던 말의 내용뿐만 아니라 내가 3,000명의 전 직원을 만나 함께 이야기를 하였다는 사실 그 자체에 있었다. 그 모든 미팅에서 우리 직원들에게 "우리 회사의 CEO는 직원들을 존중하며 배려한다."는 강력한 메시지가 전달되었다고 생각한다. 처음에는 사람들이 미심쩍어 했었지만 미팅을 하면서 'CEO도 우리와 같은 사람이다.' '우리 CEO는 회사를 제대로 돌보고 있다.' '우리가 이야기하는 것을 귀담아 들어주는 CEO다.'라고 생각하게 되었고, 처음에 했던 생각을 바꾸게 되었다고 한다. 그 미팅은 정말 엄청난 효과가 있었다.

행동과학적 지식을 이해함으로써 나는 우리 회사에 정말 엄청난 변화를 가져올 수 있었다. 행동과학을 통해 우리가 가지고 있는 능력의 범위 안에서 이루어 낼 수 있는 엄청난 발전을 이루어 낼 수 있었고, 실로 많은 것을 얻을 수 있었다. 5년 전만 해도 나는 행동과학에 대해 별로 아는 것이 없었다. 하지만 지금은 행동과학의 적용으로 얻게 된 결과가 그렇지 못한 결과와 어떻게 다른지를 나는 분명히 알고 있다.

우리 회사는 행동과학의 적용으로 사람들이 가진 재능을 개발하는 데 큰 도움을 받았다. 특히 임원들에게 큰 도움이 되었다. 이러한 시도가 있기 전과 후를 비교해 보면 그 차이가 분명히 드러나는데 우리가 얻은 성과는 행동과학의 적용으로 해서 얻은 결과라고 나는 진심으로 생각한다.

행동과학의 적용 과정에서 우리는 회사의 직무수행 리뷰 과정도 바꾸었다. 성과만을 보고 평가하는 방식에서 성과를 가져오게 하는 행동을 평가하고 이를 지지해 주는 방법으로 바꾸었다. 이 변화는 직원들에게 중요한 메시지를 전달하게 되었는데, 우리 회사는 성과만을 중요시하는 게 아니라 성과를 이루어 내게 하는 행동과 그 과정에 대해서도 중요시한다

는 사실이었다. 그리고 임원진이 올바른 행동을 하는 모범을
보이는 것으로 이 모든 변화가 시작되었다.

직원들의 직무만족도나 다양한 지표를 통해 알 수 있는 회
사의 효율성 등에 관한 통계를 보면 행동과학을 적용함으로
써 많은 긍정적 결과가 나타났다는 것을 알 수 있었다. 회사
는 직원들을 대상으로 네 차례에 걸친 설문조사를 실시하였
는데 최근의 두 차례 결과를 보면 직원들의 반응이 대단히 긍
정적으로 나타나고 있다. 이런 결과는 부분적으로 직원들이
회사 조직에 있어 스스로 주인의식을 가지게 되면서부터 자
발적 노력을 하게 된 결과라고 나는 생각한다. 우리 회사는
2004년에 주식시장에 상장되었는데 그 이후 회사 수익이 놀
랄 만큼 늘어났다. 2004년 이전에는 40만 달러의 수익 규모였
는데 이제 우리 회사는 178만 달러 상당의 수익이 있는 경쟁
력 있는 회사가 되었다.

– CEO, Assurant Health

'좋습니다. 그런데……' 식의 대화는 좋지 못하다

사람들은 일반적으로 리더가 하는 말에 아주 민감하다. 따라서
리더가 어떤 식으로 직원과 대화하느냐는 매우 중요하다. 그런데
리더가 하는 말 중에 '잘했습니다. 그런데……'라는 식의 말을 하
는 경우가 아주 많다. '잘했습니다'라는 표현은 분명히 긍정적이
고 들어서 기분 좋은 말인 것이 분명한데, 바로 그 칭찬에 뒤따라

오는 '그런데 혹은 그러나'로 이어지는 부정적인 내용은 사람들로 하여금 좋지 못한 기분이 들게 한다. 이런 식의 말은 행동에 대한 이해가 부족한 리더가 흔히 저지르는 좋지 못한 대화 방법이다. 다음의 내용은 저자의 친구인 Leslie*가 컨설팅을 하면서 경험했던 사례다. 다음의 사례를 통해 무엇이 잘못되었는지 살펴보도록 하자.

나는 Carlos를 코칭하는 일로 그 회사를 방문하였다. Carlos는 회사의 재무총괄을 맡고 있었는데 업무 성과가 아주 좋은 사람이었다. 코칭을 위해 내가 제일 먼저 한 것은 Carlos의 행동을 관찰하는 것이었다. 처음에 볼 때 그는 모든 걸 잘 해 나가는 듯이 보였다. 그가 주관하는 미팅은 체계가 잘 잡혀 있었고, 그의 팀이 보고하는 내용에 대해서도 적절하게 잘 반응하고 있었다. 그런데 그가 직원들과 대화하고 있는 것을 계속 듣고 있다 보니 그의 행동 패턴이 서서히 드러나 보이기 시작했다.

미팅 중 대여섯 번에 걸쳐 좋은 성과를 가져온 것에 대해 긍정적 코멘트를 하는 것을 잊지 않았다. 그러나 문제는 긍정적 코멘트 뒤에 항상 부정적 코멘트가 있었다는 것이다. "아주 성공적인 한 달이었습니다. 거듭 이러한 성과를 내주시기

---

*Leslie는 저자가 공부하였던 미국 대학의 박사학위 과정에서 같이 공부하였고, 졸업도 같이 하게 된 절친한 친구 사이다. 그리고 행동과학에 기반을 둔 미국 컨설팅 회사인 Continuous Learning Group(CLG)의 창업자이기도 하다.

를 기대합니다. 여러분 모두가 훌륭하게 잘하고 있습니다. 감사드리고 또 축하드립니다. 그런데 아직 해야 할 일도 많이 남아 있습니다. 4분기 실적 목표에 맞춰 나가기 위해서는 이번 달에 하신 것보다는 좀 더 열심히 해야겠습니다. 다음 분기에는 더 분발해 주시기 바랍니다. 여러분이 이루어 낸 이달의 성과는 정말 훌륭합니다. 축하합니다. 그러나 조금만 더 열심히 합시다."

그의 말이 끝났을 때 나는 직원들의 얼굴을 살펴보았는데, 그동안의 일과에 시달린 피곤한 기색이 역력했다. 그런데 문제는 Carlos가 이와 같은 평가를 하자 사람들의 얼굴에는 피곤함이 한층 더해지는 것으로 보였다는 것이다. 그래서 나는 미팅이 끝난 후 남아서 몇몇 직원들과 대화를 해 보았다. 그들의 반응은 주로 "Carlos는 만족할 줄을 모른다. 항상 목표를 계속 높여 세운다." "압박하는 느낌이 그렇게 크지 않은 듯하면서도 묘하게 항상 시달리는 기분이 든다." "편안한 마음이 들 수 있는 경우는 분기별 성과가 목표보다 20% 이상 초과 달성되었을 때뿐이다." 등등이었다.

그 후 Carlos와의 코칭 과정을 위해 그를 만났을 때 내가 직원들과의 대화에서 알았던 것을 전해 주었고, 그의 행동이 직원들에 미치는 영향에 대해서도 그에게 설명해 주었다. 내 말에 그는 의외라는 듯이 무척 놀라워하면서 그가 생각하는 바를 내게 들려주었다. "나는 내가 긍정적인 사람이기를 바랍니다. 그래서 나는 직원들이 하는 일에 대해 높이 평가한다는 말을 자주 합니다. 나는 정말 직원들의 노력과 성과에 대해 높이 평가합니다. 그렇지만 나는 좋은 말만 해 주면 직원들이 일을 제대로 해낼 수 있을 거라는 믿음이 잘 생기지가 않습니다. 내가 직원들에게 긍정적 피드백을 주게 되면 일을 느슨하게 해도 된다고 받아들이게 되는 것이 아닐까 하는 두려움이 아마도 내게는 있는 것 같습니다. 나 스스로가 편안해지지 않으니까 직원들도 편안해지지가 않고, 결국 우리 모두가 편안해지지가 않는 거겠죠. 하지만 세상은 경쟁 사회입니다. 그 속에서 나도, 그들도 이기면서 살아야 합니다."

Carlos가 보여 준 '잘했습니다. 그런데, 그러나' 식의 행동은 리더가 보여 주는 가장 흔한 실수 중의 하나다. 말을 하는 입장에서 리더(그리고 부모님)는 표현하고자 하는 말이나 생각이 잘못 전달되는 것을 피하려고, 듣는 사람이 해이해지지 못하게 하려고 노력을 하는 가운데 이런 식으로 곧잘 이야기를 한다.

- "주요 고객을 초대해서 벌인 이번 축하행사는 참 좋았어요. 그런데 좀 더 많은 고객이 왔었으면 좋았을 텐데 모인 숫자가 좀 적었어요."
- "우리 팀의 이번 분기 성과는 목표나 예산에 비추어 볼 때 아주 좋았어요. 그런데 다음 분기까지 이 성과가 이어질 수 있을지 확신이 안 서네요."
- "우리 아들(딸). 정말 잘했구나. 수학시험에서 96점을 받았는

데 굉장히 열심히 했구나. 그런데 100점에서 4점이나 점수가 깎였는데 뭐 땜에 그랬어?"

이런 식의 대화가 주는 나쁜 영향을 막기 위해서 가능하면 긍정적 피드백과 뒤에 따르는 '그러나, 그런데……'의 내용을 따로 떼어서 시간을 두고 이야기하는 노력이 필요하다. 적어도 한 문장 안에서 이 둘을 섞어서 이야기하는 것은 피해야 한다.

이 장에서는 강화의 중요성에 대해 알아보았다. 다시 한 번 강조하자면, 기업의 리더가 해야 하는 가장 중요한 역할 중의 하나가 직원의 직무수행에 대해 강화를 적절하게 제공하는 것이라고 할 수 있다. 강화를 제공하는 것의 목적은 부하직원이 보다 나은 직무수행을 할 수 있도록 도와주기 위한 것이다. 그리고 강화를 제공하는 것은 IMPACT^{SM} 모델([그림 4-1] 참조)의 AC 단계의 C(Consquate)에 해당된다. 그리고 이 C 단계에서는 강화뿐만 아니라 피드백과 코칭이 포함된다. 강화를 제공하는 것은 피드백 및 코칭과 아주 밀접한 관계를 가지고 있다. 간단히 말하자면 피드백은 앞으로의 직무수행 향상을 위해 과거의 수행에 대한 정보를 제공하는 것이며, 이는 직무 행동에 대해 제공되는 일종의 결과(consequences)라고 할 수 있다. 따라서 피드백은 직무수행 수준을 높여 줄 수 있는 강화의 역할을 한다고 볼 수 있다.

다음 장에서는 이 피드백에 대해 상세하게 알아볼 것이다.

06

피드백

　피드백(feedback)이란 어떤 사람의 행동을 바꾸는 데 도움을 줄 수 있는 수행(performance)에 대한 정보(information)를 말한다. 여기서의 중요한 사실은 피드백은 반드시 '행동을 변화시키는 데 있어서 도움이 될 수 있는 정보'라는 것이다. 흔히, 정보(information)와 자료(data)를 피드백과 동일한 의미로 사용하는 경향이 있지만, 정보나 자료가 어떤 행동을 어떻게 변화시켜야 하는지 알려주지 못한다면 그것은 피드백이라고 할 수 없다. 대부분의 기업은 풍부한 정보와 자료를 가지고 있다. 그러나 이것을 피드백으로 활용하는 경우는 찾아보기 어렵다. 예를 들면, 사람들에게 콜레스테롤 수치가 500이라고 알려 주면 사람들은 그게 좋은 것인지 나쁜 것인지 잘 모른다. 즉, 콜레스테롤 수치가 500이라는 정보는 행동을 변화시키는 데(식습관의 변화) 아무런 역할을 하지 못하기 때문에 이는 피드백이라고 할 수 없는 것이다.

　어떤 정보나 자료가 수행에 대한 피드백의 역할을 할 수 있게 되기 위해서는 적어도 두 가지 기능을 가지고 있어야 한다. 첫째, 달성해야 할 목표에 비해 현재의 상태가 어디에 있는지 알려 주는 기능을 해야 한다. 둘째, 목표에 다가가기 위해 무엇을 해야 할지 알려 주는 기능을 해야 한다.

피드백은 우리 생활 속에 자연스럽게 포함된 한 부분이라고 할 수 있다. 사실 너무 자연스럽기 때문에 잘 느끼지 못할 때가 더 많다. 우리가 쉽게 하고 있는 다양한 행동, 걷기, 말하기, 쓰기, 자전거 타기, 운전, 등과 같은 단순한 행동도 피드백이 없었다면 학습될 수 없었을 것이다. 즉, 피드백은 새로운 행동의 학습이나 학습된 행동의 유지에 있어서 필수적인 요소라고 할 수 있다. 마찬가지로 기업에서 사람들의 행동을 관리하는 측면에서도 피드백은 중요한 역할을 한다. 대부분의 경우, 피드백의 부족이 수행의 질을 떨어뜨리는 주요 원인임에도 불구하고, 직원에게 피드백을 충분하게 제공하는 조직은 아주 드물다. 혹은 피드백이 제공되더라도 단지 정보에 지나지 않는 경우도 많다.

앞서 말한 것과 같이 피드백은 단순히 정보가 아니기 때문에 서로 다른 종류의 직무에 대해서는 피드백도 그 종류가 달라져야 한다. 예를 들면, 주가 변동과 관련된 정보는 증권사 직원에게는 효과적인 피드백이 될 수 있지만 제조업체의 현장 관리자에게는 그저 재미있는 정보나 자료밖에 되지 않는다.

제3장에서 언급한 적이 있는 품질관리의 권위자였던 Deming이 항상 강조하였던 것도 바로 피드백이었다(피드백이라는 용어를 사용하지는 않았지만). 그는 품질 향상을 하기 위해서는 작업자들이 품질과 관련하여 자신들의 직무수행에 대한 충분한 정보를 제공받고 있는지가 중요하다고 하였다. 기업의 많은 리더는 피드백

의 개념에 대한 이해가 일반적으로 부족하고, 낮은 생산성의 원인
이 주로 피드백의 부족이라는 사실을 잘 알지 못하고 있다. 흔히,
종업원들이 일에 대한 동기가 부족하다거나, 게으르다거나, 훈련
이 더 필요하다고 생각하게 되는 문제는 사실 피드백의 부족에 있
는 경우가 많다.

한편, 대부분의 기업에서 실시하고 있는 직무평가(performance
appraisal)도 피드백의 요소를 포함하고 있지만 좋은 피드백의 역
할을 하지는 못한다. 일반적으로 기업에서 실시하는 직무평가의
가장 큰 문제점은 1년에 한두 번 정도로 그친다는 것과 피드백의
내용이 충분히 구체적이지 못하다는 점이다. 예를 들면, 수행평가
의 결과가 상, 중, 하의 하나로 표현되기도 하는데, 이러한 정보는
구체적이지 못하며 앞으로 어떻게 하면 더 나아질 수 있는지에 대
한 정보를 전혀 포함하지 못하고 있다. 따라서 직무평가를 통한
직무수행의 향상은 기대하기가 어렵다.

다음의 내용은 실제 기업에서 일반적으로 나타나는 심각한 피
드백 부재 현상을 단적으로 보여 주는 사례다.

믿기 힘들겠지만 내 수행에 대한 리뷰는 엘리베이터 안에
서 이루어졌다. 내 상관이 엘리베이터 안에서 내게 내가 일
을 잘하고 있으며 혹시 무슨 문제가 생기면 내게 알려 주겠
다고 했다. 우리 모두 서로 바쁘니 구태여 형식을 갖추어서
미팅이나 평가를 하면서 시간 낭비를 할 필요가 없지 않겠느
냐고, 그 시간에 일을 좀 더 하는 것이 더 가치가 있을 것이라

고 했다.

− EVP of Marketing, Fortune 100 Company

나는 현재 CEO로서 이 사무실에 있지만 그 이전에 이 사무실을 방문한 것은 딱 한 번뿐이었다. 그것도 내가 CEO로서 선정되었다고 회사에서 알려 주어 CEO 사무실을 찾아갔을 때의 일이었다. 이 얼마나 기막힌 일인가! 나는 5년 넘게 어떤 한 피드백도 받아 본 적이 없었다. 나는 항상 내가 일을 잘하고 있다고 생각하고 있었으나, 단 한 번도 그런 말을 들은 적이 없다. 내가 하는 일이 회사에 얼마만큼의 기여를 하였는지, 얼마나 가치가 있는 일인지를 모르고 있었기 때문에 나 자신을 CEO 후보라고 생각하지도 못했다.

− CEO, Fortune 200 Company

내 첫 번째 수행평가를 난 절대 잊을 수가 없다. 그 회사에 4개월째 일하고 있는 시점이었는데 내 상관이 말하기를 내가 일을 아주 잘하고 있으며, 모든 것이 잘 되고 있다고 하였다. 그리고 6개월 뒤에나 받게 될 보너스를 받기까지 했다. 정말 아찔할 만큼 기분 좋은 일이었다. 그런데 바로 그 다음날 우리 부서 전체가 구조조정으로 없어진다는 소식을 통보 받았다. 우리 부서 직원은 회사 내의 다른 자리로 발령을 받을 수 있다는 통보를 받았다. 그러나 6주 내에 회사 내에 다른 자리로 발령받지 못하는 사람들은 한 달 치 봉급과 함께 퇴직수당을 받고 퇴사해야 된다고 하였다. 나는 이런 식의 일이 10년 경력의 연봉 10만 불을 받고 있는 석사 출신 엔지니어에게 일어나리라고는 상상조차 하지 못했다.

- Engineer, A Tech Company

나는 어느 회사에서 훌륭하게 CEO 역할을 하였던 Mark라는 사람의 퇴임식에 참석한 적이 있다. 그 퇴임기념 저녁 모임에서 그의 동료들과 부하직원 모두가 그의 리더십과 기업가 정신을 높이 평가하였다. 뿐만 아니라 Mark의 상관이었던 이사장(Board Chairman) 또한 그의 업무 능력과 성과에 대해 상당히 긍정적인 평가를 하였다. 한마디로 하자면 그 회사의 모든 사람이 Mark의 업적, 사람 됨됨이, 부하직원과의 관계성 등 거의 모든 부분에 대해 놀라울 정도의 구체적인 평가를 하였다. 그 저녁모임이 끝난 후 나는 마지막 미팅을 위해 Mark를 만났다. 그는 저녁모임에서 그가 받은 구체적이고, 개인적이면서도 긍정적 피드백에 대해 너무 놀랐다는 사실을 내게 말해 주었다. 그리고 그 회사에서 일해 온 33년 동안 단 한 번도 이러한 피드백을 받아 본 적이 없다고 하였다. 그러나 그 저녁 모임에서 그의 노력에 대한 피드백을 받고서야 그는 그가 시도했던 많은 일이 회사 사람들로부터 좋은 평가를 받았었고, 회사의 성공에도 중요한 역할을 했었다는 것을 깨달을 수 있게 되었다고 하였다.

Mark가 33년 동안의 회사생활에서 피드백이 정말 절실히 필요로 했을 때 그 저녁 모임에서 받았던 것과 같은 피드백을 제공받지 못하였다는 것은 상당히 불운한 일이다. 사람들이 자기보다 높은 직위에 있는 사람들에게 피드백을 주는 것에 대해서(긍정적 피드백이든 건설적 피드백이든) 적극적이지 못하다는 것과 임원진에 속한 사람들은 그들의 위치에서 부하직원에게 피드백을 요청하는 것을 꺼려 한다는 것을 나는 수도 없이 들어왔다. 사람들이 일을 잘할 수 있도록 도와주려고 할 때 제공하는 긍정적 피드백은 타이밍이 적절해야 한다. 시간 적으로 좀 더 일찍 피드백이 제공될 수 있다면 그 효과는 훨씬 더 커질 수 있는 것이다. 앞서 나온 Mark의 예가 흔치 않은 것이기를 바라지만 내가 조직의 임원진이 피드백(특히, 긍정적 피드백)을 거의 받지 못함으로써 느끼는 좌절감에 대해 들어 보는 것은 아주 흔한 일이다.

− Leslie, Continuous Learning Group Cofounder

한편, 피드백의 중요성을 잘 아는 리더는 피드백을 기업 운영에 있어서의 '비밀병기'라고 생각할 정도로 그 중요성을 인정하고 있다. 다음의 글은 다른 어떤 것보다도 피드백이 기업의 운영에 중요한 도구로 사용된다는 것을 단적으로 보여 주고 있는 내용이다.

나는 얼마 전 석유 관련 국제회의에서 한 대규모 정유회사의 부사장이 하는 기조연설을 들은 적이 있다. 그런데 나는 그가 하는 말에 깜짝 놀랐다. 그는 그 회사가 가지고 있었던 중요한 사업 전략에 대해 놀랄 만큼 상세하게 소개했다—어디서 원유 유전을 찾아서 굴착하는지, 또 새로운 영역에서의 탐사를 어떻게 해 나갈지 등등에 대해서. 내가 보기에는 '저렇게까지 다 드러내 놓고서도 회사가 괜찮을까' 싶을 정도의 의구심마저 들었다.

그런데 그는 이것보다도 훨씬 더 놀랄 만한 사실을 언급하였다. 그는 "우리 회사가 성공할 수 있었던 것은 바로 사람에 대해 무엇인가를 특별히 했기 때문입니다. 사람의 중요성에 대한 이러한 인식이 다른 회사와 어떻게 다른지를 잘 보여 주는 우리 회사의 면모입니다."

이런 성과를 가져온 데에는 물론 우리 회사가 지닌 비결이 있었습니다. 무엇이냐고요? 우리 회사 사람 모두 그것을 '비밀의 무기'라고 믿고 있기 때문에 그건 말씀 드리지 않겠습니다.

—Leslie

앞의 사례에서 그 부사장이 말한 성공의 비결, '비밀의 무기'가 좀 더 나은 지질학적 지식이나 굴착 기술, 화학적 지식을 의미하는 것이 아니라는 것은 분명할 것이다. 그가 말했던 것은 바로 피드백과 코칭의 중요성에 대한 것이었으며, 이에 대한 그의 판단은 올바른 것이었다. 피드백과 코칭은 사람들로 하여금 자발적인 수행을 할 수 있게 하는 중요한 수단이다. 그러나 실제로는 가장 제대로 활용되지 못하고 있는 수단이기도 하다. 피드백은 리더가 기업의 구성원에게 제공할 수 있는 가장 강력한 행동의 결과라고 할 수 있다 — 현금이나 다른 어떤 물질적 강화보다도 훨씬 더 강력한 효과를 가진 결과로서 올바른 행동을 향상시키면서 원하는 성과를 이끌어 낼 수 있게 해 준다.

다음은 피드백에 대해 우리가 알고 있어야 할 중요한 사항들이다.

- 피드백은 개인의 발전과 효율성에 있어 결정적 역할을 한다.
- 긍정적 피드백이 필요치 않다고 생각하거나, 긍정적 피드백을 제공하는 것이 불편하다고 느끼든지 혹은 다른 어떤 이유 때문인지 분명치는 않지만 긍정적 피드백은 일반적으로 거의 제공되지 않는다. 하지만 긍정적 피드백은 아주 중요한 역할을 한다. 특히 새로운 행동을 배우거나 오랜 습관을 바꾸려고 한다면 긍정적 피드백은 반드시 필요하다.
- 피드백은 구체적이어야 한다. 만약 긍정적이고 구체적인 피드백이 적시에 잘 제공된다면 기업의 성과는 눈에 띄게 좋아질 수 있다.

우리는 왜 피드백을 주는 데 인색할까?

다음은 우리가 칭찬이나 긍정적 피드백을 타인에게 제공하는 것을 어렵게 만드는 공통적 요인들이다.

1. 사람들끼리 어떻게 긍정적 피드백을 서로 주고받는지에 대해 가르쳐 주

는 문화가 약한 편이다. 반면 사람들은 누군가를 비난한다거나 부정적인 반응을 보이는 데 대해서는 좀 더 편안해하는 경향이 있다.

2. 어떤 사람들은 당연히 해야 할 행동을 한 것에 대해서는 칭찬을 하면 안 된다고 생각한다.

3. 긍정적 피드백을 제공할 때 그 빈도와 구체성을 달리할 필요가 있다. 일 반적으로 새로운 업무나 행동을 배우게 될 때에는 빈번하고 구체적인 피드백을 제공할 필요가 있다. 하지만 업무나 행동이 숙달된 상태에서 는 좀 덜 빈번하고 덜 구체적인 피드백이 효과가 더 있다.

4. 사람들은 우수한 사람들만이 피드백을 받아야 한다고 생각하는 경향이 있다. 보통 정도의 사람들에게 긍정적으로 피드백을 해 주면 더 이상 열 심히 하지 않을 것이라고 생각하기 쉽다. 그러나 사실은 그렇지 않다.

피드백과 강화의 관계성

피드백은 여러 형태로 제공될 수 있다. 사람들은 감각기관을 통해 주위 환경으로부터 끊임없이 피드백을 받고 있다. 예를 들 어, 우리가 말을 하는 경우 그 소리는 청각기관을 통해 우리에게 피드백 된다. 만약 이런 피드백을 통해 우리가 한 말이 잘못되었 다는 것을 알게 되면 말을 다시 하거나 고쳐서 하게 된다. 머리가 가려울 때 머리를 긁으면 촉각을 통해 가려움이 해소되는 일종의 피드백을 받게 된다. 이러한 피드백이 있기 때문에 머리가 가려 워지면 또다시 머리를 긁게 된다. 이와 유사하게 직장에서도 직무수행에 대한 피드백을 받을 수 있다. 예를 들면, 상사로부터 이번 달 제품 판매량이 지난달에 비해 10% 늘어났다는 말을 들을 수도 있다. 그러나 이러한 피드백도 만약 수행을 변화시키지 못한다면 효과적인 피드백이라 할 수 없다. 이미 앞서 언급한 바와 같이, 수행에 대한 어떤 정보가 제공되더라도 관련 직무를 수행하는 사람들이 제공된 정보를 무시하거나 직무수행을 향상시키려는 노력을 하지 않는다면 그것은 효과적인 피드백이라고 할 수 없다.

그렇다면 어떤 조건이 만족되어야 피드백이 효과적일 수 있을까? 피드백이 효과적일 수 있는 가장 중요한 전제 조건은 **직무수행의 향상이 정적 강화와 관련되어 있어야 한다**는 것이다. 다시 말하면, 직무수행이 향상될 때, 이에 대한 주위로부터의 인정, 칭찬 혹은 금전적인 보상이 제공되고 있는 상황이라면 직무수행에 대한 피드백이 의미가 있을 수 있고, 직무수행 향상에도 도움을 줄 수 있다. 물론 직무수행에 대한 피드백이 전혀 제공된 적이 없었던 경우, 피드백만을 제공하더라도 직무수행이 향상된 것으로 나타나는 경우도 있다. 그러나 이것은 일시적인 현상일 뿐이며, 시간이 지나감에 따라 그 효과는 사라지게 된다.

다시 한 번 강조하자면, 피드백만으로는 직무수행을 변화시키지 못한다. 직무수행을 변화시키는 것은 피드백 그 자체가 아니라 피드백과 연관되어 있는 **정적 강화**다. 직무수행이 향상될 때 정적 강화(칭찬, 인정, 금전적 보상 등)가 늘 제공되어 왔었다면, 직무수행이 향상되었다는 정보(즉, 피드백)는 사람들에게 상당히 긍정적인 영향력을 미칠 수 있다. 반면, 직무수행이 향상되었음에도 불구하고 이에 대한 아무런 정적 강화가 없었다면 직무 향상에 대한 정보(피드백)는 큰 의미가 없을 것이고, 따라서 직무수행 향상에 도움이 되지 못할 것이다.

효과적인 피드백의 조건

피드백은 어떻게 제공되느냐에 따라 그 효과가 달라질 수 있다. 효과적인 피드백은 다음과 같은 특성을 가지고 있어야 한다.

피드백의 정보는 구체적이어야 한다

피드백이 제공하는 정보가 구체적이어야 한다는 것은 직무수행자가 그 정보를 통해 어떤 행동을 어떻게 변화시켜야 하는지를 알 수 있을 정도의 구체성을 의미하는 것이다. 예를 들어, '불량률 5%'라는 정보는 어떻게 해야 불량률을 감소시킬 수 있을지에 대해서는 말해 주지 않는다. 이보다는 '조립된 부품에서 나사가 헐겁게 조여진 부품 수가 5%'라는 정보는 직무를 수행하는 사람들이 구체적으로 어떻게 해야 불량률을 줄일 수 있을지에 대해 알 수 있게 해 준다. 덧붙여 말하자면, 피드백을 제공할 때에도 앞서 언급한 NORMS를 이용하는 것이 바람직하다. 다시 말하면, 행동을 핀포인팅할 때와 마찬가지로 피드백의 내용 또한 해석의 여지가 없을 정도로 객관적으로 구성되어야 하며(Not an Interpretation), 눈으로 볼 수 있는(관찰 가능한) 것에 대한 피드백이어야 하며(Observable), 누가 보든지 동일한 것이어야 하며(Reliable), 측정 가능하고(Measurable), 구체적(Specific)이어야 한다.

NORMS of Objectivity

Not an Interpretation

Observable

Reliable

Measurable

Specific

〈표 6-1〉에서 왼쪽 표현과 오른쪽 표현을 비교해 보면 구체성과 정확성에 있어서 차이가 난다는 것을 알 수 있다. 어떤 것이 더 영향력이 있는 피드백이 될 수 있는지 생각해 보기 바란다.

직무수행자가 통제할 수 있는 것에 대해 피드백을 제공해야 한다

이 말은 두 가지의 의미를 담고 있다. 첫째, 직무수행의 모든 부분을 직무수행자가 통제할 수 있는 것은 아니라는 의미다. 이를테면, 직무수행자의 노력과는 상관없이 어떤 결과가 나타날 수도 있

〈표 6-1〉 피드백 구체성과 정확성에 따른 영향력의 차이

영향력이 적음	영향력이 큼
고객 만족도 점수가 수준 이하입니다.	당신이 맡고 있는 서부 지역에서 현재보다 적어도 20% 이상의 고객 확보를 할 수 있으면 하는 바람입니다.
Wystay 회사와의 공동사업은 우리 회사에게 정말 좋은 성과를 가져왔습니다.	Wystay 회사와의 공동사업의 결과로 우리 회사는 매출과 영업마진이 16% 이상을 넘어섰고, 가동률도 22%로 상승했습니다. 양쪽 회사 모두 주당 순익이 증가한 것으로 보고되었습니다. 우리가 이룬 수행 수준에 대해 정말 기쁩니다.
Jerry는 영감을 주는 리더입니다.	Jerry가 회사의 비전에 대한 그의 생각을 여러 사람과 공유하였을 때, Jerry는 사람들을 흥분시켰고 사람들이 가지고 있었던 생각을 미팅에서 잘 활성화하였다고 들었습니다.
우리 회사에 필요한 정보기술을 가지고 있습니다.	나는 당신이 우리 회사의 사업전략을 조정할 수 있을 IT 전략을 개발해 주기를 기대합니다. 회사의 CAN/WAN을 제외한 모든 IT 관련 구입건과 적용에 있어서 좋은 성과를 가져올 수 있는 사람은 당신이라고 믿습니다.

다. 예를 들어, 청량음료를 판매하는 판매 사원의 경우, 판매 사원의 노력 정도와는 관계없이 계절적 효과가 판매량에 크게 영향을 미칠 수 있다. 이러한 상황에서 판매량에 대한 피드백을 제공하는 것은 직무수행에 큰 영향을 미칠 수 없다.

두 번째 의미는 직무수행자가 수행을 향상시키기 위해 필요한 지식이나 기술을 가지고 있는지의 여부와 관련된다. 직무수행에 필요한 충분한 지식이나 기술을 가지고 있지 않다면 피드백은 직무수행 향상에 아무런 영향력을 미칠 수 없다. 이런 상황은 수행자가 열심히 하지 않아서라기보다는 할 수 없기 때문에 나타나는 문제이기 때문에 피드백보다는 오히려 적절한 교육과 훈련이 필요한 것이다.

피드백은 즉각적으로 제공되어야 한다

피드백의 제공은 가능하면 빠른 시간 내에 제공하는 것이 바람직하다. 매일 제공하는 피드백이 매월 제공하는 피드백보다 이론적으로 볼 때 그 효과가 더 크다. 하지만 현실적인 제약으로 인하여 빈번하게 피드백을 제공하기가 힘든 경우도 있기 때문에, 현실적으로 가능한 수준에서 빈번하게 피드백을 제공해야 한다.

개인 단위의 피드백을 제공하는 것이 바람직하다

피드백은 개개인의 수행을 근거로 할 때 가장 효과적이다. 그 이유는 개개인의 수행에 대한 피드백은 좀 더 구체적일 수 있고 즉각적일 수 있다. 또한 정보의 내용에 대한 이해도 쉬워진다. 그러나 직무수행에 대한 측정이 개인 수준에서 항상 가능한 것은 아니기 때문에 개인적 피드백을 제공하는 것이 불가능한 경우도 많다. 이런 경우, 집단 피드백을 제공하되, 가능하면 집단의 크기를 작게 하는 것이 바람직하다. 만약 어떤 과업이 여러 사람의 협동으로 완성되는 것이라면 당연히 피드백은 전체 집단의 수행에 대한 것이 되어야 한다. 한 가지 중요한 사실은 만약 개인 수준에서 피드백을 줄 수 있는 상황이라면 이와 더불어 집단 피드백을 같이 제공하는 것이 바람직하다는 것이다. 이렇게 하면 개인 단위의 피드백만으로는 기대할 수 없는 팀워크의 향상이 이루어질 수도 있다. 그리고 피드백을 제공할 때 지켜야 할 가장 중요한 규칙은 개인 단위의 피드백은 사적으로 제공되어야 하며, 집단 피드백은 공개적으로 게시하는 것이 좋다는 것이다.

긍정적인 측면에 초점을 두어야 한다

일반적으로 기업에서 가지고 있는 정보나 데이터는 부정적인 것들이 많다. 불량률, 사고 발생 횟수, 결근 횟수 등이 그 예다. 그리고 이러한 부정적인 정보나 자료가 피드백으로 활용되는 경우도 많다. 그러나 이러한 부정적 측면에 대한 피드백은 직무수행을 효율적으로 향상시키지 못한다. 이런 종류의 부정적 데이터보다는 바르게 조립된 부품 비율, 안전 행동 비율, 출근 횟수 등과 같은 긍정적인 데이터를 활용하여 피드백을 제공하는 것이 더 바람직하다. 그 이유는 긍정적인 측면에 대한 피드백은 바로 정적 강화의 역할을 할 수 있기 때문이다. 만약 반대로 부정적인 측면에 대한 피드백이 제공된다면 상황이 혐오적으로 변하게 된다.

피드백의 정보는 쉽게 이해될 수 있어야 한다

피드백의 내용이 잘 이해되지 않는다면 그것은 피드백이라고 할 수 없다. 바꾸어 말하면, 피드백의 내용을 이해하지 못한다는 것은 직무수행을 향상시키기 위해 무엇을 어떻게 해야 할지 모른다는 것을 의미하며, 직무수행은 향상될 수 없다. 그러므로 피드백을 제공하는 사람 입장에서 피드백의 내용을 이해한다 하더라도 피드백을 받는 사람 입장에서 잘 이해될 수 있는지에 대한 확인이 꼭 필요하다.

그래프 형태의 피드백이 바람직하다

일반적으로 어떤 현상에 대해 말이나 글로 설명하는 것보다는 그림으로 설명하는 것이 훨씬 효과적이다. 한 장의 그림이 백 마디의 말보다 더 나을 수 있다. 마찬가지로 피드백도 그래프로 표시할 때 가장 효과적이다. [그림 6-1]을 보면 그래프 형태의 피드백이 숫자나 글로 표현되어 있는 피드백보다 훨씬 효과적이라는 사실을 쉽게 알 수 있다.

수행이 완벽해질 때까지 기다리지 말아야 한다

일이나 행동이 한꺼번에 좋아지기는 힘들다. 오히려 점차적으로 나아지는 경우가 대부분이다. 이때 우리가 원하는 높은 수준까

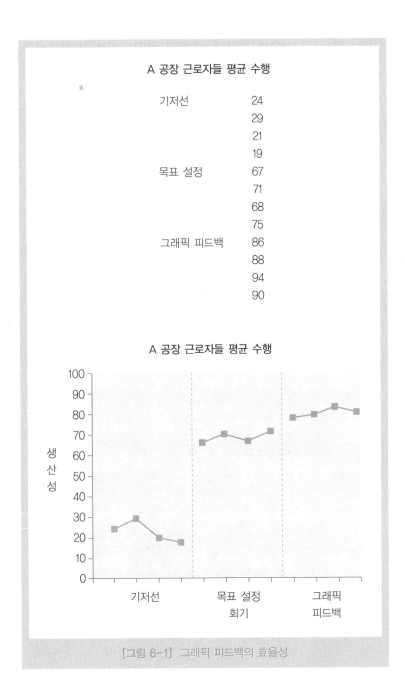

A 공장 근로자들 평균 수행

기저선	24
	29
	21
	19
목표 설정	67
	71
	68
	75
그래픽 피드백	86
	88
	94
	90

A 공장 근로자들 평균 수행

[그림 6-1] 그래픽 피드백의 효율성

지 기다리는 것은 좋지 못하다. 현재의 상태가 과거의 상태보다 조금이라도 나아졌다면 이에 대해 바로 피드백을 제공하는 것이 중요하다. 이러한 피드백은 직원들로 하여금 높은 수준은 아니더라도 향상을 위한 꾸준한 노력을 할 수 있도록 해 줌으로써 빠른 시간 내에 목표를 달성하게 해 준다.

피드백: 진심 어린 마음이 필요하다

피드백을 제공할 때에는 진심 어린 마음을 가진다는 것이 중요하다. 피드백을 전달할 때 마음속으로 정말 의미하는 것이 아닌 말로만 하는 피드백이 되어서는 안 된다. 건성으로 하는 칭찬이나 피드백은 리더에 대한 신뢰성을 크게 떨어뜨린다. 리더가 부하직원에게 얼마나 큰 영향을 미칠 수 있는지에 대해 이해한다면 러더가 하는 칭찬의 말, 격려의 말이 얼마만큼 중요한 것인지를 쉽게 알 수 있다. 만약 제공하는 피드백이 다음의 사항에 해당이 된다면 진심 어린 피드백이 되지 못한다.

- 직무를 수행하는 사람에 대해 거의 아는 것이 없다.
- '잘했습니다.' '훌륭합니다.'라는 식의 구체적이지 못한 말을 자주 사용한다.
- 누구에게든지 질문할 시간이나 토의할 시간을 허락하지 않는다.
- 건설적 피드백을 제공하는 일이 없이 긍정적 피드백만을 제공한다.
- 일을 잘하지 못하는 사람을 처벌하려는 목적으로 여러 사람 앞에서 수행을 잘한 사람을 칭찬한다.

긍정적 피드백과 건설적 피드백

피드백은 긍정적 피드백과 건설적 피드백으로 나뉜다. 물론 직원들 모두가 우수한 직무수행을 하고 있다면 긍정적인 피드백을 제공하는 것이 타당하겠으나, 모든 직원이 우수한 직무수행을 항상 하고 있는 경우는 없을 것이다. 다시 말하면, 항상 긍정적인 피드백을 제공하는 것은 현실적으로 불가능하다고 볼 수 있다. 그리고 사실 사람들은 긍정적인 피드백만이 제공될 때보다는 긍정적 피드백과 함께 건설적 피드백이 함께 제공될 때 피드백을 더 신뢰하고, 따라서 행동 변화도 더 잘 이루어진다. 이와 관련하여 하나의 법칙이 있는데 이것을 4:1의 법칙이라고 한다. 말하자면 한 번의 건설적 피드백과 네 번의 긍정적 피드백이 조합되는 것이 가장 이상적인 것이라고 한다. 건설적 피드백을 제공하는 것이 사람들에게 민감하게 다가갈 수 있지만(그래서 아주 신중해야 할 필요가 있지만), 건설적 피드백을 제공하는 것은 일종의 보약과 같은 것이라고 할 수 있다.

> 상대방의 발전을 진심으로 기원하는 사람이라면 있는 그대로의 진실을 이야기해 줄 수 있을 만큼의 배려심이 있어야 한다. 말하자면 발전을 위해 필요한 것들에 대해 서로 공유할 수 있어야 한다. 그런 진심의 말들을 선물처럼 주고 선물처럼 받아들여야 한다. 그런 마음과 자세가 한 개인이나 그룹의 성장과 발전에 활력을 준다.

직원들이 정말 발전하기를 바라는 리더는 이러한 건설적 피드백을 잘 활용해야 한다. 건설적 피드백과 단순한 비난(criticism)은 반드시 구분되어야 한다. 비난은 직무수행에 있어서의 바람직하지 못한 측면에만 초점을 두는 것으로 현 상황에서 좀 더 나아지게 하는 데에는 아무런 도움이 되지 않는다. 이와는 대조적으로 건설적 피드백은 발전하는 것에 더 초점을 둔다. 즉, 건설적 피드백은 부정적인 측면에 대한 정보를 포함하는 것과 동시에 어떻게 하면 좀 더 나아질 수 있을지에 대한 건전한 정보도 함께 제공하는 것이다.

다음의 내용은 저자와 오랜 친구로 지냈던 Leslie가 컨설팅을 하면서 고객으로부터 받았던 이메일의 내용이다. 이 내용은 건설적 피드백이 얼마나 중요한지를 잘 보여 주고 있다.

Jane이 저에게 해 주었던 피드백에 대한 제 생각을 전할까 합니다. 어제는 제 직무수행에 대한 평가가 있었습니다. Jane이 평가에서 했던 말 중에서 크게 놀랄 만한 것은 없었습니다. 예전부터 Jane은 정기적으로 제 직무수행에 대해 평가를 해 왔었고, 어제도 예전과 유사한 피드백을 제게 해 주었습니다. 그렇지만 저는 Jane의 피드백이 저로 하여금 항상 일을 열심히, 그리고 즐겁게 할 수 있도록 해 준다고 생각합니다.

Jane은 우리 부서의 생산성이 92%로 회사가 설정한 105% 목표에는 미치지 못하고 있다고 했습니다. 하지만 그녀는 내가 이루어 낸 생산성 92%에 대해 축하하면서 내가 몰입해서 열심히 하지 않았더라면 이것을 달성하지 못했을 거라고 말했습니다. 그러면서 Jane은 왜 우리 부서가 생산성 105%의 목표를 달성하지 못했는지에 대해 나와 함께 이야기를 나누었습니다. Jane은 우리 부서가 하고 있는 프로젝트의 특성상 매니저인 나의 역량만으로는 어쩔 수 없는 부분이 있다는 것을 인정해 주었습니다. 그러나 이와 더불어 그 외의 다른 부분(아마도 7% 정도)은 우리 부서가 직접 무엇인가 변화를 가할 수 있고 향상도 시킬 수 있다는 의견을 밝혔고, 저도 그 사실에 동의하였습니다. 보다 구체적으로 Jane은 제가 반드시 했었어야 할 어떤 일을 하지 못한 경우가 세 번 정도 있었음을 본 적이 있다고 말했고, 내가 어떻게 하면 이런 일이 없도록 할 수 있는지에 대한 피드백을 주었습니다.

나는 Jane과 나눈 그 대화가 상당히 기분 좋았습니다. 우리 부서가 잘 한 것뿐만 아니라 조금 부족한 것에 대해서도 언급을 해 주었고, 더구나 내가 어떻게 하면 좀 더 내 일을 잘 해낼 수 있는지에 대해서도 좋은 제안을 해 주었습니다. 그리고 그녀는 내가 얼마만큼 우리 부서에 기여했는지에 대해서도 구체적인 자료를 가지고 설명해 주었습니다. 심지어는 제 스스로도 모르고 있었던 우리 부서의 좋은 점들을 지적해 주기도 하였습니다.

또 한 가지 제가 기분이 좋았던 이유는 우리 회사의 다른 사람들이 제가 한 일에 대해 상당히 긍정적으로 평가하고 있다는 사실을 제게 전달해 준 것이었습니다. 더 이상 무슨 말이 필요하겠습니까? 저는 Jane이 제게 해 준 그 건설적 피드백이 정말 많은 도움이 되었다고 생각합니다. 우리 부서는 1년 전과 비교해 보면 180도 달라져 있었습니다. 그 모든 변화를 성공적으로 이끌어 낼 수 있게 도움을 주었던 Jane에게, 그리고 Jane이 그 일을 잘해 낼 수 있게 전폭적인 지원을 아끼지 않았던 당신에게 감사의 인사를 드립니다.

- Joseph

이 이메일에서 알 수 있는 것과 같이 Joseph이 이룬 성과와 또 그 성과에 대해 Joseph이 기분 좋게 느낄 수 있도록 했던 것은 바로 Jane의 건설적 피드백이었던 것이다. 기업의 리더가 해야 할 여러 가지 임무 중의 하나가 바로 이러한 건설적 피드백의 활용이다.

그러나 앞에서 언급하였듯이 건설적 피드백을 제공하는 것은 그리 쉬운 일만은 아니다. 보다 효과적으로 건설적 피드백을 제공하기 위해 필요한 사항에는 어떠한 것이 있는지 알아보자.

• 공개석상이 아닌 개인적인 자리에서 피드백을 제공해야 한다.
• 화가 난 상태에서 건설적 피드백을 제공하는 것은 피해야 한다.
• 기회가 있을 때마다 바로바로 건설적 피드백을 제공해야 한다. 피드백 주는 것을 늦추게 되면 다시 기회를 찾기가 어려워질 수도 있으며, 행동 변화에 영향을 미치지 못한다.

- 바람직하지 못한 부분에 대해 말할 때 가급적 구체적이고 객관적인 정보를 제공하도록 해야 한다. 이때 NORMS를 이용하는 것도 한 방법이 될 수 있다.
- 바람직한 부분에 대해 말할 때에도 가능하면 구체적이고 객관적인 정보를 이용하도록 해야 한다. 마찬가지로 NORMS를 이용하는 것이 도움이 될 수 있다.
- 관련 행동이나 결과에 대해서 언급해야 한다. 그 사람의 성격이나 개인적 특성에 대한 언급은 피해야 한다.
- 신뢰와 지지의 느낌으로 피드백을 제공해야 한다.
- 바람직하지 못한 행동이나 결과가 회사의 다른 사람이나 회사 전체에 어떠한 영향을 미칠 수 있는지에 대해 설명해야 한다.
- 상대방으로 하여금 대화에 참여할 수 있도록 해야 한다.
- 상대방으로 하여금 스스로 해결책을 찾을 수 있도록 해야 한다.
- 옳은 해결책이 나왔을 때 이에 대해 동의해 주고 그 해결책을 요약할 수 있는 기회를 주도록 해야 한다.

건설적 피드백을 잘하기 위해서는 NORMS에 근거한 관찰과 서술을 필요로 한다. 주관적인 언어 사용을 피해야 한다. 피드백을 제공할 때 가능한 NORMS에 기초하여 핀포인팅되어 있는 대로 하는 것이 중요하다.

건설적 피드백을 제공하는 일이 불편할 수도 있지만 건설적 피드백은 성공적 수행을 이끌어 내기 위해 꼭 필요하다. 수행자는 무슨 일을 해야 할지에 대해 분명히 이해할 필요가 있고 피드백을 제공하는 사람은 그들이 일을 더 잘할 수 있도록 도와야 한다. 피드백은 우리 모두가 서로에게 줄 수 있는 선물이라는 것을 명심하기 바란다. 배려 깊고 좋은 선물이 될 수 있도록 노력해야 한다.

대부분의 사람이 건설적 피드백을 받아들이기를 꺼리는 이유는?

- 사람들은 개인적으로 더 나아져야 한다는 필요성에 대한 인식을 하기가 쉽지 않다. 더구나 타인 앞에서 자기가 더 나아져야 할 필요성이 있다는 것을 인정하는 것은 아주 어려운 일이다.
- 사람들은 약점이나 더 나아져야 할 점이 있다는 것을 인정함으로 인해 나타날 수 있는 좋지 못한 결과에 대한 경험이 있고, 이에 대해 걱정하는 경향이 있다.
- 나아져야 할 필요성에 대해 인정하게 되면 드러내고 싶지 않은 부분을 들추어 내야 한다.
- 자신들이 속한 상황은 특수한 것이고 타인들은 잘 이해하지 못한다고 생각한다.
- 건설적 피드백은 배려심과 좋은 의미의 조언적 특성이 깔려 있어야 됨에도 불구하고 받는 사람으로 하여금 화가 날 정도로 비난의 형태로 제공되는 경우가 많다.

일반적으로 피드백은 사람들의 주관적이고 극히 개인적인 것들, 예를 들면 개인이 가지고 있는 프라이드, 자기평가, 성공에 대한 욕구 등과 관련되기 쉽다. 그렇기 때문에 피드백을 잘 제공하는 것이 묘하면서도 어려워질 수 있다.

코칭

피드백은 행동과학을 기업에 적용하는 데 있어서의 핵심적인 것이다. 피드백을 어떻게 제공할 것인가는 과학이라기보다는 일종의 기술이라고 할 수 있다. 지금 즈음이면 이미 여러분은 무엇이 피드백인지, 왜 피드백이 중요한지에 대해 충분히 이해하고 있을 것이다. 그렇다면 이제는 어떻게 하면 피드백을 효과적으로 제공할 수 있을지에 대해 살펴보아야 할 때다.

피드백은 코칭을 통해 제공된다

사람들에 따라서 코칭(coaching)이라는 개념은 그 의미의 차이가 많다. 그러나 여기서 말하는 코칭은 상호 간의 신뢰와 존중의 관계성을 바탕으로 제공하는 '배려와 공유(caring sharing)'의 피드백을 제공하는 과정을 의미한다. 코칭은 피드백을 제공받게 되는 사람들이 보다 나은 수행을 할 수 있도록 하기 위해 NORMS에 기초한 데이터(정보)를 제공하게 된다. 효과적인 코칭은 다음에 나와 있는 것과 같이 3단계의 과정이 필요하다.

코칭을 수행함에 있어 ① 관찰, ② 분석, ③ 수행 변화를 위한 피드백의 제공 과정이 있다. 누가 누구를 코칭하는지와 관계없이 이 세 단계는 모두 적용된다.

관찰

수행에 대한 데이터 수집(NORMS에 기초한)은 관찰에서 시작된다. 이 관찰 단계에서는 행동을 관찰하거나 행동의 영향력을 파악하기 위해 행동에 의해 나타나게 되는 결과물에 대한 검토가 이루어진다.

아주 이상적인 상황이라면, 사람들의 행동을 비디오로 모두 녹화하여 우리가 필요한 부분을 다시 볼 수도 있다. 그러나 이렇게 하는 것은 비현실적이기 때문에 샘플링을 통해 사람들이 하는 행동이나 말의 일부만 기록하게 된다. 기록된 내용이 축적되면 수행자에게 피드백을 제공하면서 언급할 수 있는 구체적인 예들의 소중한 데이터베이스가 되게 된다. 이와 더불어, 수행자의 행동을 직접 샘플링 할 수 있는 사람들과의 대화를 통해서도 데이터를 추가적으로 수집할 수 있다.

수행에 대한 분석

앞서의 관찰을 토대로 구체적 행동과 그 행동이 일어나게 되는 맥락을 이해하고 분석하는 것이 필요하다. 다시 말해 왜 그 행동이 일어나게 되었는지를 분석해야 한다. 어떤 선행자극이 그 행동을 일어나게 하였는지, 그리고 어떤 결과가 그 행동을 부추기고 있는지를 파악하는 것이 필요하다. 특히 수행자가 보여 주고 있는 바람직한 행동이 충분한 지지를 받고 있는지를 파악해야 한다.

피드백을 제공함으로써 수행을 변화시킨다

이 단계에서 일대일의 양방적 피드백(긍정적 피드백과 건설적 피드백 모두)이 이루어지며 개인뿐만 아니라 팀 단위로도 이루어질 수도 있다.

코칭이 진행되는 동안 반드시 명심해야 할 몇 가지 사항이 있는데 이는 다음과 같다.

- 바람직한 수행이든 그렇지 못한 수행이든 관계없이 수행이 구체적으로 파악되어야 한다(이것은 코칭을 하는 사람이 할 수도 있고, 코칭을 받는 사람이 할 수도 있다.).
- 구체적인 관찰 내용에 대해 서로 의사소통을 해야 한다.
- 수행자가 제대로 하고 있는 것과 그렇지 않은 것에 대해 명확하게 알 수 있도록 해야 한다.
- 수행자가 새롭고 바람직한 행동을 시도하고, 그 행동을 유지시키려고 하는 노력을 할 때 수행자를 격려해야 한다.

실제 코칭 상황에서는 이 세 단계가 끊임없이, 빠르게 반복된다. 좋은 코치는 긍정적 피드백과 건설적 피드백의 비율을 장기적으로는 4 : 1로 유지한다. 피드백을 제공할 때 코칭을 받고 있는 사람이 코칭을 하는 사람이 진정으로 돕고 있음을 알 수 있도록 해야 한다. 그러므로 피드백을 줄 때나 말을 할 때 늘 성의 있는 마음으로 해야 한다.

코칭, 피드백 그리고 노동력

좋은 직원들을 보유하기가 쉽지 않은 오늘날의 현실에서 코칭은 직원들이 이직을 하지 않게 하는 데 대단히 가치 있는 도구다. 사람들은 일하고 있는 조직 내에서 자신이 가치가 있는 존재라고 느끼고 싶어 하고 무언가 변화를 만들고 내고 싶어 한다. 과거에 비하면 어떤 일을 하고, 어디서 일을 할지에 대한 사람들의 선택의 폭이 넓다. 자신이 일하고 있는 회사의 성장과 발전이 보인다면 사람들은 그 회사에 계속 머무르려고 할 것이다.

피드백이 풍부하게 제공되는 회사는 사람들이 스스로를 가치 있는 존재로 생각하게 되기 쉽고 회사에 감사하는 마음을 갖는다. 사람들은 그런 회사에 남아 있기를 원하고 자발적인 수행을 한다. 피드백이 거의 없거나 또는 아예 없거나 또는 일방적인 피드백이 주어지는 회사에서는 수행에 몰두하는 행동보다는 전반적으로 근로 의욕이 낮고 불평, 불만의 행동이 많으며 이직률도 높다.

좋은 회사문화를 형성하기 위해 피드백과 코칭이 효과적인 도구가 될 수 있을지를 알아보려면 다음의 세 가지 질문에 대해 답해 보면 된다.

1. 직원들의 몰입도(commitment)에 대한 설문조사를 실시했을 때, 피드백, 직원들의 의견 수렴, 진로 개발 계획에 대한 토의 등의 항목에서 가장 낮은 점수가 나왔는가?
2. 직원들의 불평 중에 "내게 무엇을 기대하고 있는지 잘 모르겠다." 혹은 "내 수행에 대해 어떻게 보고 있는지 모르겠다."라는 말을 자주 듣는가?
3. 상사들이 부하직원들의 수행에 대한 리뷰를 하지 않으려고 하는가?

이 세 가지 질문 중 어느 하나라도 "예"라는 답이 나온다면 그 조직은 더 많은 피드백과 코칭이 필요하다고 볼 수 있다.

임원을 위한 코칭

기업의 임원(Executive)을 대상으로 하는 코칭의 중요성이 날로 증가하고 있다. 이런 경향은 바람직한 것이라 할 수 있는데, 임원진에 대한 올바로 된 코칭은 상당한 가치가 있고 재정적 이득을 가져오게 하기 때문이다.

기업이 높은 수준의 직무수행을 유지시키는 것은 임원들의 효율적인 리더십에서 시작된다

회사의 임원은 직원으로 하여금 사업의 우선순위와 가치관에 대한 이해를 할 수 있도록 기업 환경을 조성시켜야 하고, 직원이 수행을 잘할 수 있도록 필요한 리소스를 지원해 주기도 해야 한다. 보다 중요하게는 직원이 높은 수준의 수행을 할 수 있도록 동기를 부여해야 한다. 따라서 임원의 직무수행은 기업의 성공 여부에 결정적 역할을 한다.

임원들이 피드백을 받는 경우는 거의 없다

대부분의 회사에는 '정치적' 요인이 존재한다. 임원진의 행동에 대한 평가(특히 임원진들이 자진하여 요청하지 않는 한)는 잘 받아들이지 않는 개념이다. 그러므로 외부로부터의 코칭은 여러 가지 좋은 점이 있다. 외부로부터의 코칭은 기업 내부에서 자체적으로 평가를 받을 때와 비교해 보았을 때 임원이 보다 객관적으로 피드백을 받을 수 있도록 해 주고, 자신의 발전을 진정으로 원하는 사람(외부 코치)으로부터 자신이 필요로 하는 것에 대한 피드백을 받을 수 있기 때문에 보다 편안한 마음으로 평가를 받을 수 있게 된다.

임원의 재임기간은 아주 짧고 성과에 따라 결정된다

임원은 기대 이하의 수행을 하면 안 되는 상황에 몰려 있다. 그리고 일반적으로 피드백이 부족하다는 것을 고려한다면 임원은 아주 어려운 상황에 처해 있다고 볼 수 있다. 이런 상황에서 유능한 외부 코치를 활용하게 되면 피드백 사이클을 매우 짧게 가져갈 수 있다. 코칭이 중요하다는 것은 많은 프로 운동선수도 코치가 있다는 사실에서도 알 수 있다.

피드백은 기업에서 필요한 행동을 관리하는 데 있어서 가장 영향력이 있는 테크닉이라 할 수 있다. 많은 기업에서 이러한 피드백이 없이 기업을 운영하고 있는 실정이다. 만약 이런 기업에서 피드백을 잘만 활용한다면 놀랄 만한 성과를 거둘 수 있을 것이다.

다음 장에서는 '조형(shaping)'이라는 행동과학적 테크닉에 대해 알아볼 것이다. 이 조형에서 가장 큰 역할을 하는 것이 강화와 피드백이다. 조형이란 간단히 말하자면 우리가 원하는 최종 행동을 피드백과 강화를 이용하여 만들어 나가는 절차를 말한다. 리더에게 이 조형은 반드시 지니고 있어야 할 아주 중요한 테크닉이며, 사람들을 발전시키고 성장할 수 있도록 하는 데 있어서 결정적 역할을 하게 된다.

구하라 그러면 얻을 것이다

리더는 힘(권력)을 가지고 있다. 그리고 이 권력과 직위가 합쳐지게 되면 진솔한 피드백을 받기 어려운 상황이 된다. 리더 스스로 자신은 피드백을 기꺼이 받겠다고 밝힌다 하더라도 아래에서부터 위로의 피드백은 쉽사리 일어나지 않는다. 사실 많은 사람은 리더가 듣기 좋아할 것이라고 생각하는 것만 리더에게 말하는 환경에서 살아 왔다고 볼 수 있다. 이런 행동들(리더가 듣기 좋아하는 것만 말하는)을 하는 사람들이 이득을 보는 경우를 직원은 수없이 보았을 것이다.

현명한 리더라면 이런 일이 일어나게 해서는 안 된다. 피드백은 리더의 성장과 개발에 있어 대단히 중요한 것일 뿐만 아니라 기업이 처한 상황을 정확하게 이해하고 올바른 사업적 결정을 하는 데 있어 꼭 필요한 것이다. 훌륭한 리더는 건설적인 피드백을 오히려 요구한다. 왜냐하면 피드백을 받음으로써 리더 자신의 개인적 개발과 함께 기업의 발전까지도 이끌어 낼 수 있음을 알고 있기 때문이다.

07

목표 설정과 조형

　목표 설정이란 달성하고자 하는 직무수행 수준을 사전에 구체적으로 정하는 것을 의미한다. 목표를 설정할 때 가장 저지르기 쉬운 실수는 목표를 세우기만 하면 수행이 향상된다고 생각하는 것이다. 목표 설정의 효과를 검증한 많은 연구 결과를 살펴보면 이런 생각이 옳지 않다는 것을 쉽게 알 수 있다. 단지 목표를 세우는 것만으로는 수행을 향상시킬 수 없다는 사실은 사람들의 개인적인 경험을 통해서도 잘 알 수 있다. 예를 들면, 많은 사람이 연초에 '금연' '금주' '규칙적인 운동' 등과 같은 개인적 목표를 세워 보지만 실패로 끝나는 경우를 흔히 볼 수 있다. 그러나 이러한 사실에도 불구하고, 목표 설정이 아무런 효과가 없다는 것은 아니다. 만약 목표 설정에 대해 제대로 충분히 이해하고, 올바른 방법으로 목표를 설정하게 되면 직무수행 향상에 큰 도움이 될 수 있다.

　조형(shaping)이란 행동과학에서 이전에는 나타나지 않았던 새로운 행동을 학습시키는 데 있어서 목표 행동에 점차 가까워지는 행동에 대한 차별적 강화(differential reinforcement)를 제공하는 것이라 정의할 수 있다. 조직 관리 측면에서 이를 적용한다면, 어떤 목표가 있을 때 이 목표를 달성하기 위해 하위 목표를 설정하고, 이 하위 목표를 하나씩 하나씩 달성함으로써 최종 목표에 달성할 수 있도록 해 주는 방법이라고 할 수 있다.

이 장에서는 목표 설정과 이 조형에 대해 설명할 것이다.

올바른 목표 설정의 특성

목표를 설정하는 가장 중요한 이유는 더 많은 강화의 기회를 제공하는 데 있다. 물론 세워 놓은 목표를 달성하였을 때 강화를 제공해야 하는 것이지만, 목표를 향해 조금씩 나아갈 때나 목표 수준에서 직무수행이 유지되고 있을 때도 강화를 제공해야 한다. 그리고 개인 목표뿐만 아니라 팀 목표도 같이 정하는 것이 도움이 될 수 있는데, 팀 목표를 세우게 되면 팀원이 공동의 목적을 가지게 되고, 이에 대해 서로 의사소통을 할 기회가 제공됨으로써 수행 증가의 기회를 추가적으로 가질 수 있게 된다.

행동과학의 이론적 관점에서 본다면 **목표**는 직무수행의 **선행자극**(Antecedents)의 역할을 한다. 이런 선행자극은 강화와 연합됨으로써 그 효과를 발휘하게 되는데, 만약 강화와 연합되지 않는다면 선행자극은 수행을 향상시키기 어렵다. 목표는 강화의 기회를 제공하지만 그 자체가 강화의 원천이 되는 것은 아니다. 쉽게 설명하자면, 목표가 설정되어 있고 이를 달성할 경우에 강화가 제공된다면, 목표는 강화의 속성을 가지게 된다. 반면 목표가 달성되더라도 아무런 강화가 제공되지 않는다면, 목표는 강화의 속성을 가질 수 없게 된다. 따라서 목표가 달성될 경우 어떻게 강화를 제공할지에 대한 구체적인 계획 없이 단순히 목표만을 설정한다면, 그 목표는 직무수행 향상에 아무런 영향을 미치지 못하게 된다.

목표 설정은 개인이 자신의 직무수행을 향상시킬 기회를 줄 뿐만 아니라 조직의 입장에서도 생산성 향상이라는 이득을 가져다준다. 또한 목표 설정은 직무수행 향상이나 조직 차원에서의 생산성 향상뿐만 아니라 직무를 수행하는 사람들에게 구체적으로 어떤 수준의 직무수행 수준이 요구되는지에 대해서도 정확하게 알려 주기 때문에 조직 내 커뮤니케이션을 향상시키기도 한다.

목표 설정에 있어서 가장 중요한 고려 사항은 어떻게 하면 **도전적**이면서도 **달성 가능한** 목표를 세우는가 하는 것이다. 이 두 가지 사항은 목표 설정의 성공 여부를 결정하는 가장 중요한 요소라고 할 수 있다. '도전적'이라는 것은 얼마나 높게 목표를 설정하느냐의 문제이고, '달성 가능한'이라는 것은 얼마나 목표를 낮게 설정하느냐의 문제인데, 가장 좋은 것은 이 두 기준을 모두 충족시킬 수 있는 목표를 설정하는 것이다.

한편, 일반적으로 사람들은 목표는 높게 세울수록 좋다고 생각한다. 그러나 하버드 대학교의 심리학자 David McClelland에 의하면 이러한 생각은 옳지 못하다. McClelland가 40년간의 연구를 통해 발견한 것은 성취도가 높은 사람들이 가지고 있는 가장 뚜렷한 특성 중의 하나가 중간 정도의 위험성을 감수하려는(너무 높지도 낮지도 않은 목표를 설정하는) 데 있다는 사실이다. 이러한 사실에도 불구하고, 대부분의 관리자는 목표를 높게 세우지 않으면 직원이 최선을 다하지 않을 것이라고 생각하고 목표를 과도하게 높게 세우려고 하는 경향이 있다. 이것을 초과 목표 설정(stretch goal)이라고 하는데, 실제 필요한 생산성 향상이 10%라면 목표를 15% 혹은 20%로 세우는 것이 이에 해당하는 예다. 물론 조직에서 이런 초과 목표가 달성될 확률은 매우 낮기 때문에 목표를 달성하지 못함으로써 느끼는 실패감이 큰 문제가 될 수 있다. 만약 이러한 실패감이 반복된다면 사람들은 무기력감을 느낄 수 있고, 목표 달성을 위한 더 이상의 노력을 하지 않게 되기 쉽다.

관리자들이 초과 목표를 설정하게 되는 첫 번째 이유는 직원이 목표를 달성했을 때 또 다른 높은 목표가 없다면 더 이상의 노력을 하지 않을 수 있다는 생각 때문이고, 두 번째 이유는 관리자가 일종의 '보험'을 원한다는 것이다. 말하자면, 관리자에게 생산성 10% 향상이라는 목표가 주어졌다면, 직원이 목표 달성을 하지 못할 가능성을 고려하여 실제 목표보다 더 높은 목표(15%, 혹은 20%)를 세우고, 최소한 몇 명의 직원이라도 이 목표를 달성할 수 있도록 함으로써 본래의 10% 향상이라는 목표는 적어도 달성하고자 하는 의도가 있을 수 있다.

그러나 이러한 초과 목표 설정은 여러 가지 면에서 문제를 야기한다. 우선, 목표가 과다하게 높게 세워지면, 목표 달성을 위한 노력이 실패하기 쉬워지고, 이는 바로 노력에 대한 처벌이나 소거로 작용하기 때문이다. 난이도 측면에서 가장 바람직한 목표는 과거나 현재 직무수행 수준보다 약간 높은 수준의 목표다. 처음에는 목표가 너무 낮게 설정된 듯한 느낌이 들 수도 있지만 일단 이 목표가 달성되어 강화를 제공받게 되면, 사람들은 스스로 더 높은 수준의 목표를 설정하고, 이를 달성하기 위한 행동을 하게 된다. 물론, 현재 수행보다 얼마만큼 높은 목표가 설정되어야 한다는 구체적인 지침은 있을 수 없다. 하지만 확실한 것은 목표를 달성하지 못함으로써 올 수 있는 부정적 현상이 나타나지 않을 정도의 원만한 수준이면서도 동시에 달성하기 위해서는 어느 정도의 추가적인 노력이 필요한 도전적인 목표를 세우는 것이 바람직하다.

목표 설정 시 중요 고려 사항

직무수행의 특성

앞서 이미 언급한 바와 같이 목표는 대부분의 사람이 달성 가능한 수준으로 설정하는 것이 바람직하다. 직무수행은 각기 그 종류에 따라 다양한 특성을 가지고 있는데, 직무의 종류에 따라 그 변화 패턴이 다르게 나타나기도 한다. 전문적인 용어를 빌려 표현하자면, 직무의 종류에 따라 소위 '학습 곡선(learning curve)'이 다를 수 있다. 학습 초기에는 향상 속도가 빠르고 시간이 흐를

수록 향상 속도가 둔화되는 경향이 있는 직무가 있을 수 있는 반면, 또 어떤 경우에는 그 반대의 특성을 보이는 직무도 있을 수 있다. 예를 들어, 체중 감량을 생각해 보자. 체중 감량 프로그램이 효과적이기 위해서 반드시 필요한 것은 최종 감량 목표뿐만 아니라 이를 달성해 나가는 과정에 필요한 하위 목표를 설정하는 것이다. 일반적으로 체중 감량은 처음에는 빠르게 나타나지만 시간이 갈수록 감량 속도가 점점 늦어지는 특성을 가지고 있다. 이런 경우, 초기 단계에서는 하위 목표의 간격을 크게 설정하고 이후 시간이 흐를수록 목표 간격을 작게 설정하는 것이 바람직하다. 그러나 이러한 특성을 고려하지 않고 하위 목표를 설정한다면 최종 목표를 달성하기가 어려워지게 된다. 직무의 종류에 따라서 체중 감량과는 다른, 혹은 반대의 특성을 보이는 경우도 물론 있을 수 있다. 어떠한 경우이든, 어떤 형태로 직무수행 수준이 변화하는지(향상되는지)를 파악하고 이에 맞게 목표를 설정하는 것이 중요하다.

직무수행자의 과거 경험

어떤 직무를 수행해 온 경험의 많고 적음에 따라서도 목표 설정을 달리할 필요성이 있다. 어떤 직무를 수행해 본 경험이 많은 사람이라면, 처음부터 높은 수준의 목표 설정으로 시작하되, 목표가 상향 설정되는 간격은 아주 작게 하는 것이 올바른 방법이 될 수 있다. 반면 경험이 적은 사람들의 경우, 처음에는 낮은 수준의 목표 설정으로 시작하되, 목표가 상향 설정되는 간격은 비교적 크게 하는 것이 옳을 것이다. 다시 말하면, 목표를 설정하는 최선의 방법은 사람마다 수행 수준이 다르기 때문에 각자의 이전 수행에 근거하여 목표를 설정하는 것이 좋다.

타인의 수행 수준

타인의 수행 수준도 어떤 특정인의 목표 설정을 위한 유용한 정보로 사용할 수 있다. 조직의 내부 혹은 외부에서 볼 수 있는 모범적인 수행자의 수행 수준은 다른 사람들도 달성할 수 있는 수행 수준을 나타낸다고 볼 수 있다. 그러나 조심해야 할 것은 내부의 모범적인 수행자와 경쟁하게 해서는 안 된다는 것이다. 만약 어떤 식으로든 경쟁이 일어나게 되면 대부분 부정적인 결과를 초래하게 된다.

모범적인 수행자의 수행 정보는 단지 수행 향상이 어디까지 가능한지에 대한 지침으로만 사용되어야 한다. "K영업사원의 지난달 판매 실적은 회사 역사상 최고였는데, 자네는 아직 갈 길이 멀어 보여……. 왜 이렇게 판매 실적이 좋지 못해?"라고 얘기한다면 듣는 사람에게 불쾌한 감정을 가지게 할 뿐 아니라 다른 직원이 K사원을 부정적으로 대할 수도 있다.

만약 경쟁을 이용하려고 한다면 내부보다는 외부 경쟁 대상의 직무수행 수준을 이용하는 것이 훨씬 더 생산적이다. 외부 경쟁 대상에 대한 정보는 목표 설정을 위한 상당한 정보의 가치가 있다고 할 수 있다. 소위 경쟁적인 벤치마킹(competitive benchmarking)이라는 용어가 바로 여기에 해당된다.

조 형

좋은 행동은 하루아침에 만들어지지 않는다. 우리가 무엇이든 처음 배울 때를 한번 생각해 보자. 아마 처음부터 잘할 수 있는 것은 아무것도 없을 것이다. 스키 타는 것을 하루 만에 배울 수 있을까? 사람들 앞에서 말해 본 경험이 전혀 없는 사람이 처음부터 능숙하게 사람들 앞에서 말을 잘할 수 있을까? 우리가 원하는 행동을 능숙하게 할 수 있게 되기까지는 완벽하지 않은 수많은 행동을 하게 되고 이러한 행동이 점점 발전하여 궁극적으로 우리가 원하는 행동을 할 수 있게 되는 것이다. 다시 말하면, 우리의 행동은 '조형(shaping)'이라는 과정을 거치게 되는 것이다. 조형은 차별적 강화(differential reinforcement)를 필요로 한다. 여기서 차별적 강화란 무조건적으로 제공되는 강화가 아니라 조건에 맞는 경우에만 강화가 제공되는 것을 의미한다. 어린아이가 '엄마'라는 말을 할 수 있게 되기까지는 제법 오랜 시간이 걸린다. 처음부터 정확하게 '엄마'라고 발음할 수 있는 어린아이는 없을 것이다. 아마도 시작은 '엄' 혹은 '어' 등의 아주 쉬운 발음부터 시작하게 될 것이다. 그리고 이런 발음은 서툴기는 하지만 어머니로부터 많은 칭찬과 관심(강화)을 받게 된다. 그러므로 아이는 서툴지만 이런 발음을 많이 하게 되고 어머니로부터 계속 칭찬과 관심을 받게 된다. 그러나 이러한 서툰 발음이 한동안은 어머니로부터 많은 칭찬을 받게 되지만 계속 받을 수는 없다. 어머니의 칭찬과 관심은 좀 더 정확해진 발음에 대해서만 받을 수 있게 되고 예전의 서툰 발음에 대해서는 더 이상 받지 못하게 되는데, 이것이 바로 '목표 행동에 점차 가까워지는 행동에 대한 차별적 강화'의 개념이다. 우리가 배우는 모든 행동이 이 조형 과정을 거친다. 직장에서 신입사원이 새로운 직무를 배우는 것도 조형 과정을 거치게 된다. 처음부터 자기가 맡은 일을 완벽하게 해내는 사람은 없다. 처음에는 서툴지만 조형 과정을 통해 점점 자기가 맡은 직무를 능숙하게 해낼 수 있게 되는 것이다.

직장에서의 선배나 리더는 이러한 조형 과정에서 결정적 역할을 하게 되는 사람들이다. 목표를 향해 조금씩 발전해 나갈 때 이에 대한 적절한 차별적 강화를 제공해 주는 것이 선배와 리더의 역할인 것이다.

다음의 내용은 직장에서 조형이 얼마나 중요한지를 보여 주는 사례다.

내가 배운 여러 가지 행동과학적 지식 중에 조형(shaping)이라는 개념이 내가 가졌던 리더십에 대한 태도에 가장 큰 의문이 들게 했다. 조형이라는 것은 바람직한 목표를 향해 발전해 나가는 과정에 대한 격려와 지원을 강조하는데, 내가 생각하기에 나는 직원들에게 이런 측면에서 너무 부족하였다는 것을 알게 되었다. 나는 기준을 세울 때 일반적으로 아주 높게 세우는 경향이 있었다. 이에 대해 나 자신도 알고 있고 다른 사람들도 그렇게 이야기한다. 또한 나는 무엇이 잘못되었는지, 그리고 아직 가야 할 길이 멀다는 것을 곧잘 지적하곤 하였다(나는 엔지니어이고, 어떤 것이든 끝없이 계속 향상되기를 추구하는 기질이 내 몸과 마음에 깊숙이 박혀 있는 것 같다.). 나는 무엇인가 긍정적인 일에 대해서나 진척이 있었던 부분에 대해 인정해 주는 일에 대해 몹시 서툴렀다. 아마도 그런 내 행동이 사람들의 근로 의욕을 떨어뜨리게 했던 것 같다. 나는 직원들이 일을 할 때 조금씩 나아지는 데에 대해 아무런 인정이나 칭찬을 해 주지 않았고, 결과적으로 직원들이 조금씩 발전해 나가는 것을 오히려 방해하고 있었던 것 같다. 그러나 지금의 나는 상당히 달라져 있다. 내가 세운 기준을 낮추지 않고서도 직원들이 이루어 내고 있는 진척 상황을 알아차리고 격려해 주는 리더로서의 접근 방법을 사용하고 있다. 말하기 조금 부끄럽지만, 나 자신의 이런 변화에 대해 나 또한 기분이 좋고 행복하다. 나는 직원들이 내가 요청하지 않아도 그들 스스로 일을 해 나가고, 계속 발전해 나가는 데 대해 만족스러워한다는 것을 잘 알고 있고, 그래서 나 또한 행복하다. 조형(shaping)은 내가 리더로서 나의 직원들과 연결되는 데 있어 가장 훌륭한 도구가 되어 주었다.

-International Division President, Fortune 30 Company

이 에피소드와 더불어 조형을 통해 좋은 결과가 나타나게 된 구체적 사례를 하나 더 소개하겠다. 이 내용은 내 친구인 Leslie가 만난 Randy라는 사람의 이야기다. Leslie는 Randy를 만난 것에 대해 다음과 같이 내게 말해 주었다.

Randy는 많은 사람 앞에서 PT(presentation)를 아주 능숙하게 잘하는 사람이었다. PT를 듣고 있는 사람들과 눈도 잘 맞추고 미소를 지으면서 PT를 진행하였는데, 적어 놓은 노트를 거의 보지도 않았다. 필요할 때에는 유머도 적절하게 섞어 가며 사람들의 관심을 끌었다. 나는 PT가 끝난 뒤 Randy에게 훌륭한 PT라고 칭찬을 했다. 그는 나의 칭찬에 대해 수줍게 웃으면서 말하기를, "많은 사람 앞에서 지금만큼 편안하게 PT를 할 수 있게 되기까지는 정말 오랜 시간이 걸렸습니다." 그러면서 그가 겪었던 경험을 내게 들려주었다.

나는 기술(technology) 분야에서 내 경력을 시작했습니다. 내가 맡은 일은 고객을 통해 우리 회사 상품과 관련된 문제점을 파악하는 일이었습니다. 그때 나의 상관이었던 Karl은 정말 훌륭한 상관의 자질을 갖춘 사람이었습니다. 우리는 우리 부서의 문제점에 대해 오랜 시간 이야기를 자주 하였고, 어떻게 하면 그 문제를 해결할 수 있을지에 대해서도 많은 이야기를 나누었습니다.

어느 날 Karl이 내게 내 생각을 정리해서 제작진 미팅 때 그 내용을 발표해 보라고 했습니다. 나는 그때 사실 많이 긴장했었습니다. 다섯 명이 참가할 그 미팅이 내게는 오백 명 같이 느껴졌습니다. 나는 발표할 내용을 슬라이드에 정리해 놓았는데 너무 긴장한 탓이었는지 내용 하나하나를 적어 놓은 대로 정신없이 읽어 내려갔습니다. 아마도 준비한 노트에서 눈을 거의 떼지도 못했던 것 같습니다. 그런데 미팅이 끝난 후 곧바로 Karl은 놀랍게도 내 PT에 대해 칭찬을 해 주었습니다. 그런 후 아주 조심스럽게, 그리고 나를 세심하게 배려해 주는 태도로 내가 PT에서 왜 그렇게 긴장했었는지를 물어보았습니다.

Karl과 나는 내 PT에 대해 많은 이야기를 나누었습니다. PT에서의 내 아이디어들은 아주 좋은 것이었으며, 우리 부서가 나아가야 할 올바른 방향을 제시한 것이었다고 칭찬을 해 주었습니다. 그러면서 그는 우리 부서가 발전해 가는 데 있어 내가 좋은 리더의 역할을 할 수 있을 것이라고 코멘트를 하였습니다. 그렇지만 리더의 역할을 잘하기 위해서는 사람들과의 의사소통과 PT를 능숙하게 잘할 수 있어야 할 것이라는 충고도 아끼지 않았습니다. 그래서 Karl의 도움을 받으면서 직원들과의 의사소통과 PT를 잘하기 위한 노력을 시작하였습니다.

회사의 기술 부서 사람들과 판매 부서 관계자들은 매년 이틀에 걸친 컨퍼런스를 열고 있었습니다. Karl과 의논하여 이때 내가 하게 될 PT에 대한 목표를 세웠는데 규모가 약 50명

정도 되는 사람들을 대상으로 PT를 하자고 결정했습니다. 3개월의 준비기간이 있었는데 Karl은 내가 준비한 PT에 대해 내용이 아주 충실하게 잘 짜여 있고 별로 도움을 줄 필요도 없어 보일 정도로 좋아 보인다고 평가했습니다.

나는 PT 연습을 위해 세 가지 부분에 대해 특히 초점을 맞추자고 했습니다. 첫째, 노트를 이용하기, 둘째, 청중과 눈 맞추기, 셋째, 또렷한 목소리로 말하기였다. 또한 내가 부담스럽지 않은 상황에서 사람들과 의사소통하는 것에 대한 연습도 병행하였습니다. 쉬운 일은 아니었지만 Karl의 도움으로 나는 상당히 나아지고 있었습니다. 예전에는 준비한 내용을 글로 써 놓고 이것을 그냥 읽어 내려가는 수준이었지만 얼마 되지 않아서 중요한 요점만 노트에 정리하고 이 노트와 함께 슬라이드를 이용하여 PT를 할 수 있을 정도로 발전하였습니다. 그리고 Karl은 틈틈이 내게 피드백을 주었습니다.

이런 연습 과정에서 내가 절대 잊을 수 없는 것은 내가 PT를 하는 도중 동료들에게 시선을 돌렸을 때 그들이 내게 미소를 짓고 있었던 것입니다. 그만큼 내가 발전했구나 하는 것을 느낄 수 있었습니다. 그 순간 나는 정말 동료들이 모두 내 편이 되어 주고 있구나 하는 걸 느낄 수 있었습니다. 그래서 조금 있다가 약간의 농담을 해 보았는데, 동료들이 모두 웃었습니다. 정말 믿기 힘든 일이었습니다. 내가 하는 말에 동료들이 귀를 기울이고 있었고, 또 고마워하고 있었다는 것을 알 수 있었습니다. 그때부터 나는 내가 하는 PT에 대해 보다 더 자신감을 가질 수 있게 된 것 같습니다.

이후, 나는 계획했던 대로 연례 컨퍼런스에서 PT를 하게 되었습니다. PT 이틀 전부터 아무것도 먹지 못할 정도로 긴장해 있었지만 PT를 성공적으로 마무리하였습니다. 그때 나의 목표는 꼭 필요한 경우가 아니라면 노트한 카드를 보지 않고 슬라이드만을 이용하여 PT를 해 나가는 것이었습니다. 사실 나는 단 두 장의 카드만을 가지고 PT를 진행하였습니다. 그 PT가 끝난 후 Karl은 내 PT에 대해 대단히 자랑스러워하면서 칭찬을 아끼지 않았습니다. 그리고 PT 중 청중이 고개를 끄덕이면서 내 말에 동조해 주는 모습은 내게 아주 큰 격려가 되었습니다. 이후에도 나는 PT 능력을 더 키우는 데 많은 노력을 기울였습니다. 내가 계속 더 노력해야 할 부분들을 파악해서 꼼꼼히 그 부분을 챙겨 나갔습니다. 또한 코치를 통해 피드백을 제공받기도 했습니다. PT 중에 나는 항상 청중이 어떤 반응을 보이고 있는지를 살펴보게 되었습니다. 그리고 청중의 이러한 피드백은 내가 PT를 더 잘할 수 있게 되는 데 큰 도움이 되어 왔습니다.

이 에피소드에서 분명하게 알 수 있는 사실은 Randy가 사람들 앞에서 말하는 것에 타고난 재능이 있었던 사람은 아니었다는 것이다. 그러나 Randy는 PT 기술을 조금씩 계속 조형(shaping)해 나갔던 것이고, 나중에는 PT를 아주 능숙하게 할 수 있게 되었다. Randy가 시도하였던 조형 과정을 구체적으로 살펴보면 다음과 같다.

• 행동을 작은 단위로 나누기

사람들 앞에서 PT를 하는 것은 여러 가지 행동으로 이루어진 복합적 행동이다. 그러므로 Randy는 이 행동을 좀 더 작은 단위로 나누었다. 즉, PT 하는 것을 노트 이용하기, 청중과 눈 맞추기, 또렷한 목소리로 말하기의 세 가지 행동으로 나누고, 그 각각에 초점을 두고 연습을 하였다.

• 조금씩 향상시키기

Randy의 최종 목표는 슬라이드만으로 PT를 하는 것이었다. Randy의 처음 수준은 발표 내용을 미리 적어 놓고 읽어 내려가는 정도였기 때문에 이 목표는 상당히 높은 목표였다고 할 수 있다. 그렇지만 한번에 이 목표를 달성하려고 하지 않았다는 사실이 중요하다. 대신 최종 목표를 달성하기 위해 작은 하위 목표를 세워 놓고 이 하위 목표를 하나씩 달성해 나갔던 것이다. 처음에는 아주 큰 글자로 내용의 요점을 종이에 적어 놓고 필요할 때 쉽게 볼 수 있게 하였다. 나중에는 노트 카드만을 가지고 슬라이드를 이용하여 PT를 할 수 있도록 연습하였고, 이 노트 카드 또한 그 숫자를 점점 줄여 나가면서 슬라이드만을 가지고 PT를 할 수 있도록 노력했던 것이다.

• 연습과 피드백

Randy와 Karl은 가능한 많은 연습을 하였고, Randy는 연습 중이나 연습 후에 매번 피드백을 받았다. 연습 과정 중에 청중이 미소를 짓거나 웃는 장면을 볼 수도 있었는데, 이런 것은 Randy가 청중과 눈을 맞추는 행동에 대한 긍정적 결과로 다가왔다. 그리고 그가 던진 농담에 청중이 웃었던 것 또한 긍정적 결과였고, 농담을 더 자주 할 수 있도록 하였다. 이러한 자연적 결과뿐만 아니라 Karl로부터의 피드백 또한 '사회적 강화인(social reinforcer)'으로 작용하여 Randy의 행동에 좋은 영향을 미칠 수 있었다.

• 목표를 약간씩 높이기

Randy는 목표를 조금씩 높여 나갔다. 어떤 목표가 달성되면 그것보다는 조금 더 높은 목표를 세웠고 목표를 달성할 때마다 스스로 피드백을 제공받을 수 있게 되었던 것이다.

조형의 기술적 측면

어떤 일이든 마찬가지지만, 조형을 할 때에도 우리가 궁극적으로 원하는 것이 무엇인지부터 확실히 해야 한다. 우리가 원하고 있는 행동이나 성과는 무엇인가? 이 질문은 앞서 배웠던 핀포인팅의 주제이며, 조형 과정에서도 반드시 해야 할 일이다. 다시 말하면, 행동과 성과 측면에서 우리가 가지고 있는 목표가 무엇인지를 파악하는 것이 필요하다. 만약, 목표가 정해졌다면 그다음에 필요한 것은 현재 수준의 행동과 성과를 파악하는 것이다. 이때 앞서 배운 ABC 모델을 이용하여 현재 수준의 행동을 핀포인팅하는 것이 필요하다.

조형 과정에서 목표 수준을 점차적으로 높여 나갈 때 한 단계에서 다음 단계까지의 크기를 어느 정도까지로 해야 할 것인가에 대한 결정은 아주 중요한 것이다. 그 정도가 너무 큰 경우에는 다음 단계의 목표 달성이 쉽지 않게 된다. 반대로 너무 작은 경우에는 그 차이가 너무 작아서 행동이 효율적으로 조형되지 못한다는 단점이 있다. 따라서 이 결정에는 조형을 시도하는 사람의 경험이 중요하며, 조형의 대상이 되는 사람과의 충분한 토의도 필요하게 된다. 이와 관련하여 예를 통해 그 중요성을 알아보도록 하자.

- 단계 차이가 너무 큰 경우—앞서 소개했던 Randy의 사례를 떠올려 보자. 만약 그의 상관이었던 Karl이 처음부터 준비한 노트 없이 슬라이드만을 이용해서 PT를 하도록 지시했다면 아마 좋은 결과가 나타나기는 어려웠을 것이다.
- 단계 차이가 너무 작은 경우—목표한 행동에 이르기까지의 과정이 너무 작은 단계들로 나뉘어 있다면, 한 단계에서 다음 단계로 발전하는 것에 대해 쉽게 알 수 없을 것이고 전체 과정 중에서 어디쯤에 와 있는지에 대해서도 알기가 어려울 것이다.
- 단계 차이가 적절한 경우—단계가 적절하게 결정된다면 수행자들에게 각 단계에서 다음 단계로 넘어갈 때 눈에 보이는 차이를 느낄 수도 있게 되며, 발전을 하기 위한 노력과 행동

을 지속적으로 할 수 있도록 해 준다. 단계가 적절하다는 것은 그 단계에 다다르는 것이 너무 쉽지 않되, 긴장을 늦추면 달성할 수 없을 정도의 노력이 필요한 수준이라고 할 수 있다. 그럼에도 불구하고 중요한 것은 현실적으로 볼 때 그 단계는 달성 가능해야 한다는 것이다. 어떤 한 행동을 조형시키고자 한다면 우리가 원하는 행동을 완벽하게는 하지 못하더라도 어렵지만 서툴게나마 할 수는 있을 정도의 수준을 목표로 삼는 것이 좋다. 예를 들어, 두 손을 놓고 자전거를 타는 행동을 조형한다고 할 때 일단 한 손을 놓고 타는 것부터 목표로 삼고, 이 목표가 달성되었을 때 두 손을 모두 놓고 타는 것을 그다음 목표로 잡고 연습을 하는 것이 좋다.

리더의 역할

리더의 역할은 지금까지 배운 행동과학적 지식을 이용하여 부하직원의 행동과 그가 이루어 내고 있는 성과를 조형하는 것이라 해도 무방하다. 얼마나 잘 부하직원이 열심히 일할 수 있도록 하느냐는 리더의 조형 능력에 달려 있다. 기업 내 구성원의 행동이나 그 행동을 통해 나타나고 있는 결과는 항상 발전의 여지가 있는 것이다. 그리고 기업이 원하는 수준의 결과물을 가져오게 하기 위해서는 리더가 행동과 그 결과물을 조형해 나가야 하는 것이다. 마치 어떤 장인이 제자를 가르치듯이 기업의 리더는 직원의 행동을 조형해 나가야 하는 것이다. 행동과학적 지식을 이용하여 직원의 행동을 조형해 나갈 수 있는 리더는 그렇지 못한 리더에 비해 눈에 띄는 성과를 이룰 수 있다. 효과적으로 직원의 행동을 조형해 나가기 위해서는 앞에서 배운 다양한 행동과학적 지식이 필요하다. 행동의 ABC 모델, E-TIP/D-TIP® 분석, 핀포인팅, 피드백과 같은 모든 개념이 종합적으로, 그리고 올바르게 적용될 때 조형은 효과적으로 이루어질 수 있다.

제1장에서부터 지금까지 기업에서 필요한 행동을 효율적으로 관리할 수 있게 해 줄 수 있는 여러 가지 행동과학적 테크닉에 대해 살펴보았다. 아마 독자 여러분은 이 책을 읽기 전에 비해 행동과학적 지식에 있어서 상당한 차이가 있으리라 짐작된다. 그리고 지금 시점에 있어서는 행동과학적 원리를 잘 적용할 수만 있다면 사람들을 효율적으로 관리할 수 있게 되고, 이것은 결국 눈에 보이는 성과를 가져오게 할 수 있다는 생각을 할 수 있을 것이다.

08

변화를 위한 실행

　변화라는 말은 우리가 살고 있는 이 시대에 가장 흔하게 들을 수 있는 말 중의 하나일 것이다. 우리는 무엇이든 좀 더 나아지기를 원하고, 그러한 변화가 지속되기를 원한다. 그리고 우리는 변화는 언제든 가능한 것이며, 변화를 가져오게 할 힘을 가지고 있다고 믿고 싶어 한다. 우리는 또한 우리가 살아가고 있는 이 세상에서 중요한 의사 결정을 하게 되는 정치적 리더나 기업의 리더가 훌륭한 변화를 이루어 내기를 기대하기도 한다. 우리가 살고 있는 이 시대는 끊임없는 변화와 발전이 요구되고 있으며, 또 그렇게 되기를 우리는 기대하고 있다. 그러나 변화는 결코 쉬운 것만은 아니다. 특히 어떤 행동의 패턴이 오랜 시간 동안에 걸쳐 형성되어 온 경우에는 더욱 그렇다. 사람들이 과거부터 오랫동안 해 오던 일을 어떤 새로운 방식으로 변화시키고, 그 변화된 방식을 유지시킬 수 있도록 하는 것은 분명히 어려운 일이다. 아무리 좋은 목적과 의도를 가지고 시도된 변화라 할지라도 실망스러운 결과가 나타나는 경우는 수없이 많다.

　변화를 시도할 때 가장 명심해야 될 사실은 **사람들의 행동이 변**

화하지 않는 한 그 어떤 변화도 일어나지 않는다는 것이다. 어떤 종류의 변화를 추구하든 관계없이, 변화와 관련된 사람들이 과거와 다른 방식의 행동을 하지 않는다면 변화는 일어나지 않는다. 다음의 글은 변화란 어려운 것이며, 변화를 위해서는 먼저 사람들의 행동이 변해야 한다는 사실을 잘 보여 주고 있다.

우리 회사가 독립적인 기능 위주의 부서들로 구성되어 있는 조직 형태에서 보다 통합된 형태의 조직으로의 변화를 시도한 것은 올바른 전략이었다. 변화에 따른 새로운 역할과 책임 소재의 파악, 그리고 핵심 프로세스와 조직 구조의 변화를 위한 전략은 모두 훌륭하게 세워졌다. 그러나 이러한 전략적 변화를 실행으로 옮기는 것에 있어서는 많은 문제가 있었다.

직원들이 '무엇을' '왜' 해야 되는지에 대한 의문을 제기했을 때, 우리는 그에 대한 답을 할 준비가 되어 있지 않았다. 우리는 거의 매일 직원들과 의사소통을 시도하였다. 그러나 설득력 있는 답을 줄 수 없었기 때문에 모든 직원이 좌절감을 느끼게 되었다. 판매량과 고객 만족도에 있어서 심각한 문제가 발생하였고, 대부분의 직원은 이런 문제가 오히려 우리가 시도한 새 '변화' 때문에 나타났다고 생각하였다. 따라서 직원들 사이에는 변화에 대한 저항이 심각한 수준으로 나타나고 있었고, 회사의 리더에 대한 불만도 점점 높아지고 있었다.

이 모든 문제점이 나타날 수밖에 없었던 근본적인 이유는 변화를 위한 전략은 세워졌으나 이 전략을 실행으로 옮기는 데 필요한 직원들의 행동변화를 가져오게 할 그 어떤 전략도 없었기 때문이었다. 조직의 구조적인 변화를 이끌어 내기 위해서 필요한 행동변화의 중요성을 우리는 너무 과소평가한 것이었다. 조직의 변화를 가져온다는 것은 조직 전반에 걸쳐 나타나는 행동의 변화를 의미한다는 사실을 뒤늦게 깨달았던 것이다.

— Chief Operating Officer, Fortune 50 Company

조직 변화를 위한 MAKE-IT® 모델

이 장에서는 개인 차원에서의 직무수행 향상을 위해 적용되었던 IMPACT^{SM} 모델은 잠시 뒤로하고 조직 차원에서의 향상을 위한 도구로 적용되는 MAKE-IT® 모델에 대해 살펴보도록 하겠다. MAKE-IT® 모델은 4단계로 구성되어 있는데, MAKE-IT® CLEAR, MAKE-IT® REAL, MAKE-IT® HAPPEN, MAKE-IT® LAST로 구성되어 있다. 이 모델이 필요한 이유는 개인 차원을 넘어선 전반적인 조직 차원에서의 행동변화를 이루기 위해서는 IMPACT^{SM} 모델의 범위를 넘어가는 추가적인 변인에 대한 고려가 필요하기 때문이다. 그러나 이 MAKE-IT® 모델의 핵심은 역시 IMPACT^{SM} 모델이라고 할 수 있다.

MAKE-IT® CLEAR

Identify & **M**easure
Target Results
(목표 성과의 파악)

MAKE-IT® REAL

Pinpoint
Critical Few Behaviors
(소수의 결정적 행동 확인)

MAKE-IT® HAPPEN

Activate & **C**onsequate
Desired Behaviors
(바람직한 결과 제공)

MAKE-IT® LAST

Transfer
Fluency to Sustain Behaviors
(변화된 행동의 유지)

[그림 8-1] MAKE-IT® 모델

MAKE-IT®의 4단계

MAKE-IT® 모델의 4단계를 간략하게 훑어보면서 각 단계마다 리더의 역할이 어떠해야 하는지 살펴보도록 하자.

1. MAKE-IT® CLEAR

MAKE-IT® CLEAR

Identify & Measure
Target Results
(목표 성과의 파악)

MAKE-IT® CLEAR 단계에서는 변화를 위한 전략적 방향을 명확히 하고 조직의 고위직 리더들이 그 방향에 대한 의견을 조율하고 일치될 수 있도록 해야 한다. 리더들은 회사가 최고 우선순위로 두는 사업상의 목표 성과(target results)가 무엇인지를 파악하고(Identifiy) 그 목표 성과의 달성 여부에 대해 어떻게 측정할(Measure) 것인지를 구체화해야 한다. 이렇게 되면 이와 관련된 정보가 다음 레벨에 있는 리더들에게 제공된다. 그렇게 하여 조직의 모든 레벨에서의 리더들의 전략적 방향에 대한 의견 조율이 되고 다음의 네 가지 사항에 대한 의견의 일치가 있을 때 MAKE-IT® CLEAR 단계가 완료된다.

- 변화를 가해야 할 올바른 사업상의 목표 성과
- 성과의 달성 과정에서의 진척 정도를 측정할 수 있는 올바른
  방법
- 핵심 수행자
- 올바른 리더십 행동

2. MAKE-IT® REAL

MAKE-IT® REAL

Pinpoint
Critical Few Behaviors
(소수의 결정적 행동 확인)

새로운 성과를 얻기 위해서는 반드시 새로운 행동이 나타나야
만 한다. MAKE-IT® REAL 단계에서 필요한 것은 조직의 리더들
이 어떤 성과(results)를 목표로 할 것인지를 파악한 후, 이 성과를 달
성하는 데 필요한 핵심적 행동이 무엇인지를 확인하는 것이다. 또한
이 단계는 올바른 행동이 일어날 수 있도록 준비하는 단계라고도 할
수 있다.

리더들은 원하는 변화를 실현시키기 위해 여러 가지 일을 해야
하는데, 그중 하나가 조직의 문화를 이해하면서 조직의 어떤 부분
이 변화에 도움을 주게 될지 아니면 방해를 하게 될지에 대해 판
단하는 일이다. 이 단계에서 명심해야 할 사항은 행동변화를 효율

적으로 이끌기 위해서는 결코 서둘러서는 안 된다는 점이다. 목표한 성과를 이루어 내는 데 필요한 행동이나 변화시켜야 할 행동을 일단 찾아내는 것이 그 무엇보다 중요하며, 이후 이 행동을 체계적으로 변화시킬 때 새로운 변화가 올 수 있는 것이다. 이러한 과정은 대부분의 경우 상당한 시간이 걸린다. 그러나 이 과정을 거치지 않는다면 결코 새로운 변화를 기대할 수 없다.

또한 모든 레벨의 리더가 직원의 직무수행에 대해 피드백을 줄 수 있는 능력을 가지고 있는지에 대해서도 확실히 해야 한다. 그래야만이 다음 단계인 MAKE-IT® HAPPEN 단계에서 직무수행자들의 올바른 수행에 대해 즉각적이고 신뢰성 있는 피드백을 제공할 수 있게 된다.

리더가 직원의 올바른 행동에 대해 피드백을 제공할 때 이에 대한 적절한 긍정적 결과를 함께 제공해야 한다는 것을 이해하고 있는 것도 아주 중요하다. 더불어 직원이 바람직하지 못한 행동을 할 때 리더가 이에 대한 건설적 피드백을 제공할 수 있는 능력 또한 있어야 한다.

3. MAKE-IT® HAPPEN

이 단계의 명칭이 말해 주듯이 여기서 이루어지는 것은 행동변화를 위한 **실행**이다. 올바른 리더십 행동을 위한 코칭과 피드백이 필요한 단계이며, 올바른 방향으로의 발전이 나타나고 있는지를 확인해야 할 때다. 그리고 새로운 변화를 가져오는 데 있어서의 방해 요인이 있다면 이것을 제거하는 것이 필요한 때다. 만약 리더가 리더로서의 올바른 행동(예: 적절한 시기에 피드백을 제공하는 것)을 하고 있다면 직원은 필요한 행동을 자발적으로 일관성 있게 잘할 수 있게 된다.

이 단계에서 가장 중요한 것은 리더의 적극적인 행동이다. 리더는 부하직원이 올바른 행동을 할 수 있도록 유도해야(Activate) 한다. 올바른 행동을 유도하는 데에는 제3장에서 설명한 DCOM® 모델에서 D, C, O에 해당되는 모든 것이 잘 준비되어야 한다. 그리고 올바른 행동이 나타난다면, 그 행동이 지속적으로 나올 수 있도록 긍정적인 결과와 피드백을 제공함으로써(Consequate) 행동을 더욱더 촉진시켜야 한다. 다시 말하면, 리더는 '변화를 실행하는' 직원에게 긍정적인 피드백과 결과를 제공해 주어야 한다. 이 MAKE-IT® HAPPEN 단계는 MAKE-IT® CLEAR와 MAKE-IT® REAL 단계에서의 충분한 준비가 있을 때에만 성공적일 수 있다는 사실을 명심해야 한다.

4. MAKE-IT® LAST

이 단계는 사실 소홀해지기 쉬운 단계다. 그러나 아주 중요한 단계다. 이 단계에서는 앞 단계에서 나타난 긍정적 변화를 유지하는 데 중점을 둔다. 즉, 새로운 변화를 정착시키는 단계다. 새로운 변화를 정착시키는 것은 새로운 변화를 가져오는 것만큼 중요하다.

이 단계가 성공적으로 이루어지게 하기 위해서는 회사의 모든 시스템과 핵심 과정이 새로운 변화가 유지될 수 있도록 맞추어져야 한다. 즉, 새로운 변화를 유지하기 위해서는 전체 조직 시스템상의 조율이 필요하다. 예를 들면, 과거에는 없었던 팀 간 협동이 새롭게 만든 긍정적 변화라면 이를 유지하기 위해서는 인사관리 체제가 개별 팀 차원이 아니라 보다 상위 조직 차원(예: 부서)에 기초를 두고 설정되어야 하다. 리더십의 많은 부분이 이 단계에서 발휘되어야 하며, 장기간에 걸쳐 유지되어야 한다. 조직의 시스템과 프로세스가 새로운 변화와 일관성 있게 조율될 때 그 새로운 변화가 유지될 수 있다는 사실을 리더는 명심해야 한다.

모든 것은 성과를 가져오기 위한 것이다

MAKE-IT® 모델이 잘 적용된다면 다음의 네 가지 부분에서 좋은 성과를 가져올 수 있다.

- 사업 성과-과거와는 차별되는 성과가 도출됨
- 효율적 리더십-조직 내 모든 레벨에서의 리더의 리더십, 코칭 기술이 향상됨
- 실행력-조직의 전략을 보다 신속하게, 효율적으로, 그리고 일관성 있게 실행에 옮길 수 있음
- 문화-바람직한 조직 문화(행동 패턴의 변화)가 형성됨

변화를 위한 실행이라는 것은 단순히 무엇인가를 시도하는 것만으로는 충분하지 못하다. 실행이라는 것은 **실질적인 결과를** 가져오게 하는 것이다. 그렇게 하기 위해서는 반드시 행동의 변화가 우선되어야 하며, 행동이 변화될 때 기업의 문화가 변하게 되는 것이다. 그리고 기업문화에 있어서의 이러한 변화가 과거와는 차별적인 성과를 궁극적으로 가져오게 하는 것이다.

09

기업문화의 변화

　변화를 원하는 리더가 흔히 부딪히게 되는 가장 어려운 문제는 기존의 뿌리 깊은 기업문화를 어떻게 바꿀 수 있는가 하는 것이다. 그러므로 변화를 위한 실행의 초기에 필요한 것은 기존의 기업문화에 대한 이해를 하는 것이다. 그리고 그 기존 문화가 변화를 위한 실행에 어떠한 영향을 미칠 것인지에 대한 예측을 해 보아야 한다. 대부분의 경우, 새로운 변화에 대해 기존의 기업문화는 부정적인 영향을 미칠 가능성이 높다.

기업문화란 무엇인가

　기업문화란 기업 내에 있는 시스템이나 사람들이 지지하고 있는 행동 패턴이라고 정의할 수 있다. 기업문화는 우리가 원하든 원하지 않든 관계없이 만들어지게 되어 있다. 작업을 하는 어떤 특정 방식이나 말하는 방식, 경영하는 방식, 문제를 해결해 나가는 방식, 의사를 결정하는 방식 등이 기업 내에 자리 잡게 되는데, 그 이유는 그런 방식들이 오랜 기간 동안 사람들이나 시스템으로부터 지지를 받아 왔기 때문이다. 〈표 9-1〉을 통해 두 기업의 전혀 다른 문화를 비교해 볼 수 있다.

이 두 기업은 둘 다 잘 돌아가고 있을 수 있다. 하지만 기업문화를 바꾸려고 할 경우, 두 기업 사람들의 변화에 대한 반응이 다를 수 있다. 기업을 변화시키는 데 있어 리더가 해야 할 첫 번째 일은 현재 사람들이 어떤 식의 행동을 하고 있는지, 그리고 왜 그런 행동을 하고 있는지에 대해 이해하는 일이다. 즉, 현재의 행동을 지지하고 있는 것이 무엇인지를 파악해야 한다. 예를 들어, 안전수칙이 있음에도 불구하고 대부분의 노동자가 안전수칙을 무시하는 어떤 조선소가 있다고 가정해 보자. 이런 상황에 처해 있는 조선소를 흔히 "안전문화가 정착되어 있지 않다."라고 말한다. 다시 말하면, 이 조선소가 가지고 있는 문제는 많은 노동자의 안전수칙 위반 행동에 있는 것이며, 이것을 두고 "안전문화가 정립되어 있지 않다."라고 표현을 하는 것이다. 즉, 문화는 바로 행동인 것이다.

그렇다면 이러한 행동이 나타나는 원인은 무엇일까? 만약 그 원인에 대한 분석 없이 안전문화를 변화시키려 한다면 좋은 성과를 거두기 힘들 것이다. 다시 말하면, 안전수칙을 지키지 않는 행동의 원인을 찾아 이를 관리하지 않는다면 행동의 변화는 나타나지 않을 것이고, 따라서 안전문화는 변하지 않을 것이다. 만약 조선소의 최고 경영자가 안전의 중요성에 대해 항상 강조하고는 있지만 건조 공정에 맞춘 선박 건조에 더 큰 비중을 둔다면 자연히 안

〈표 9-1〉 상이한 기업문화

문화 구성요소	A 회사	B 회사
실제 작업 시간 (공식적 작업 시간이 아닌)	사람들이 일찍 출근하고 회사에 늦게까지 남아 있다.	출근과 퇴근은 시간과 관계없이 일의 진척 상황에 따라 결정된다.
사인(signature)이 가지는 권위	선택된 소수 몇 명만이 서류에 사인을 하고 있다.	사람들은 서류에 사인 받는 것에 대해 그다지 걱정하지 않는다. 그보다는 무언가 일이 잘못되었을 때 그에 대해 책임을 지게 된다.
복장	정장 위주의 보수적 성향	사업상의 미팅이 있는 경우는 정장을 입는다. 그 외에는 일하기 편한 차림이 허용된다.
사람들과의 교류	필요할 때 공손하게	동료들끼리 진심으로 대하고 친절하게 지낸다.
사내 연락	편지, 이메일	보이스메일, 이메일
점심시간 활동	사무실 책상에서 이메일을 읽으며 점심을 먹는다.	동료들과 함께 먹거나 같이 운동한다.
정치적인 분위기	뭔가 숨겨진 것이 있는 듯, 가능한 조용히 있는 게 좋다.	있는 그대로 말한다. 사람들은 상호관계에 있어 정직이 최고의 가치라고 여긴다.
휴가	엄격	융통성 있다. 각자 할 일이 마무리되는 대로
권한부여	윗사람이 좋아하는 방식대로 일을 하면 모든 게 수월하다.	윗사람이 좋아하는 방식이 무엇이든 신경 안 쓴다.
고객에 대한 태도	우수고객을 우대한다.	모든 고객을 소중히 여기며 그들을 만족시키기 위해 노력한다.
상관의 사무실 문	미리 예정된 약속에만 열려 있다. 아주 중요한 일인 경우에만 약속이 정해진다.	모든 이에게 열려 있다.

전수칙을 지키는 행동은 무시되기 쉽고, 안전수칙을 따르지 않고 작업을 할 때 나타날 수 있는 작업의 효율성 때문에 안전수칙을 무시하는 행동을 오히려 지지할 수 있다. 만약 이러한 상황에 변화가 없다면(안전수칙 관련 행동이 변하지 않는다면), 안전문화는 변하지 않을 것이다.

변화에 저항하는 기업문화

다음 사례는 오래된 기업문화가 새로운 변화에 얼마나 부정적 영향을 미칠 수 있는지, 그리고 행동과학적 접근이 이러한 상황에서 어떻게 도움을 줄 수 있는지에 대해 보여 주고 있다.

그 회사의 CEO는 어려운 결정을 내려야 할 상황에 처해 있었다. 회사 운용 비용과 지출을 대폭 줄이든지 아니면 시장 가격 하락으로 인한 손실을 감수하든지를 결정해야 했다. 그래서 그 CEO는 비용담당 팀으로 하여금 회사 전반에 걸친 비용 절감과 관리에 대한 검토를 지시했다. 비용담당 팀은 지출과 투자 패턴, 추천된 비용 절감 전략 등에 대한 분석을 통하여 많은 것을 알아낼 수 있었고, 실속 있는 리포트를 작성할 수 있었다.

그 팀은 CEO에게 다음과 같은 보고를 했는데 그 내용은 CEO의 입장에서는 정말 듣고 싶지 않은 것이었다. "우리 회사의 지출에 관한 문제는 사실 회사 문화와 관련된 문제입니다. 우리 회사의 지출 문화는 비용을 줄여 나가는 것과는 정반대로 형성되어 있습니다. 대다수의 관리자는 회사가 성장할 때 함께 성장해 온 사람들이고 지금까지 회사가 계속 성장을 거듭해 왔기 때문에 회사의 전반적인 문화가 비용에 대해 무심한 경향이 강합니다. 그래서 현재의 문화로서는 비용을 줄여 나가고자 하는 방안을 만들어 내기가 쉽지 않을 것 같습니다."

이 말에 CEO는 못마땅한 기색으로, "문화라니요? 그게 뭡니까? 해결해야 될 문제 상황을 그런 애매모호한 말로 설명하려고 하지 마세요."라고 말했다. 그리고 앞으로는 '문화'의 '문'자도 끄집어 내지 말라고 하면서 정말 문제가 되고 있는 것이 무엇인지 눈으로 확인할 수 있는 수준에서 알아보고, 그 문제를 해결할 수 있는 방법을 찾아오라고 했다.

CEO의 이러한 행동에 꼬리를 내린 비용담당 팀은 다시 일을 시작했다. 그들이 생각하기에는 문제가 회사문화에 있는 것이 분명했지만 데이터 위주로 돌아가는 회사의 속성상 CEO에게 보여 줄 과학적인 논거가 필요했다. 얼마 후 비용담당 팀은 다시 CEO를 찾아갔는데 이번에는 행동과학에 기초한 방안을 준비해 갔다. 팀은 '문화'라는 말을 언급하지 않으면서 문제점을 지적하였다. 사업상 의사결정을 할 때, 다른 어떠한 것보다도 비용에 대한 평가와 모니터링을 우선시하는 행동이 필요하다는 점을 강조했다. 사실 이러한 행동은 지금까지 회사에서 아무런 관심의 대상이 되지 않고 있었던 것이다. 그럼에도 불구하고 회사 상황이 좋았고 계속 성장할 수 있었기 때문에 이러한 사실이 문제점으로 인식되지 않고 있었던 것이다. 바꾸어 말하면, 비용에 대해 관심을 두지 않거나 무시하는 행동이 아무런 제재를 받지 않음으로써 오히려 지지되고 있었던 것이다(바로 이것이 기업문화인 것이다. 즉, 회사 내에서 사람들이 하고 있는 특정한 행동 패턴이 오랜 기간 동안 지지되어 온 것이다.).

이러한 분석을 접한 CEO는 회사가 당면하고 있는 문제가 기업문화와 관련된 것이라는 것을 비로소 이해하기 시작했다. 따라서 현재의 행동 패턴을 변화시키기 위해 다음의 세 가지가 필요하다는 것을 알게 되었다.

- 현재의 행동 패턴과 완전히 다른 행동 패턴을 찾아내는 일
- 현재의 행동 패턴이 나타나게 하고 있는 원인을 찾아내는 일
- 현재의 행동 패턴이 나타나게 하고 있는 요인이 새로운 행동이 정착되는 것을 막을 수 있다는 사실을 이해하는 것

이 후 비용 문제와 관련된 행동 패턴을 바꿔 보기 위해 엄청난 노력을 시도하였다. 변화의 핵심은 과거의 행동 패턴을 유지하고 새로운 행동 패턴의 정착을 방해하는 요인을 파악하여 이를 없애 주는 동시에 새로운 행동 패턴의 정착에 도움

이 될 수 있는 요인을 찾아내는 것이었다. 그 CEO의 퇴임이 몇 년 뒤에 있었는데 그때 그는 그때 있었던 회사문화의 변화가 그 자신을 리더로서 새로이 태어날 수 있게 도와주었으며, 또 그 회사가 계속해서 성장할 수 있게 해 준 전환점이 되어 주었다고 감격스럽게 회고하였다.

이 회사는 아마 행동과학적 지식을 기업 운영에 적용하는 가장 큰 회사 중의 하나라고 할 수 있을 것이다. 기업문화를 이해하는 것으로 시작한 이 회사는 이후 성공적으로 기업문화를 변화시킬 수 있었고, 이를 기반으로 하여 지속적인 성장이 가능하게 되었다.

MAKE-IT®의 성공적 적용을 위한 고려 사항

어떤 변화를 시도할 때 그 성공 여부는 기업에 따라 차이가 있을 수 있다. 어떤 기업이 좀 더 성공 확률이 높을 수 있을까?

> 성공적인 변화는 목표가 분명하게 설정되어 있을 때, 그리고 성공 여부를 판단할 수 있는 명확한 측정지표(metrics)를 가지고 실행으로 옮길 때 가능해진다. 또한 변화를 위한 전략이 신중하게 계획되고 이에 대한 충분한 의사교환이 있어야 하며, 변화하는 과정에 대한 빈번한 피드백과 격려가 있어야 가능하다.

MAKE-IT® 모델의 각 단계에서 성공적인 변화에 필요한 결정적 요인에 어떤 것이 있는지 좀 더 상세하게 살펴보도록 하자.

1. MAKE-IT® CLEAR

MAKE-IT® CLEAR
Identify & **M**easure
Target Results
(목표 성과의 파악)

기업문화에 대한 이해

다음 질문에 대한 답을 통해 현재의 기업문화를 이해하는 것이 필요하다.

- 어떤 행동이 현재 우리 회사에서 지지되고 있는가?
- 바람직하지 못한 행동이 나타날 때 어떤 결과가 나타나는가?
- 바람직하지 못한 행동이 나타날 때 이에 대해 누군가가 언급을 하는가? 혹은 어떤 조치를 취하는가?
- 바람직하지 못한 행동이 회사의 수익을 내는 데 큰 기여를 하고 있는 부서에서 나타나고 있다면, 수익을 내는 데 기여하고 있다는 이유로 그냥 넘어가는가?

변화를 이끌어 내려고 한다면 언급하고 싶지는 않은 일이지만 반드시 드러내고 해결을 해야 할 일이 있기 마련이다. 사실 변화를 성공적으로 이끌기 위해서는 이것이 꼭 필요하다. 기업 내의 모든 직원이 변화의 필요성을 인식하면서 기꺼이 그 과정에 자발적으로 참여할 수 있도록 하기 위해서는 열린 마음으로, 공개적으로 문제점이 있다는 사실부터 인정해야 한다. 만약 문제점이 공개되지 못한다면 진정한 변화는 불가능하다. 현재 가지고 있는 문제점을 구체적으로 논의하는 것부터 변화를 위한 실행이 시작되어야 한다. 새로운 목표와 전략을 명확히 제시해야 하는 이 단계에서 사람들의 정직한 시선과 열린 마음을 끌어내는 것이 대단히 중요한 사항임을 리더는 항상 명심해야 한다.

사람들의 경험에 대한 이해의 필요성

변화를 위한 시도가 직원이 어떻게 받아들일 것인지에 대해 알아보려고 한다면 직원이 가지고 있는 경험을 알아보면 된다. 일반적으로 대부분의 사람은 변화와 관련하여 부정적 경험을 많이 가지고 있다. 어떤 변화든 변화가 시도될 때 직원이 흔히 들을 수 있는 것은 "믿어 주세요." "앞으로 좋은 일이 있을 것입니다." "전부 바꾸어 드릴게요." "여러분한테는 큰 영향이 없을 것입니다." "여러분의 협조가 절실하게 필요합니다." 등과 같은 말이다. 이 모든 말이 듣기에는 그럴듯한 것 같지만 이런 말을 들을 때마다 사람들은 "또 시작이군." "변화를 위한 변화?" "맨날 똑같은 소리야."

"아무리 해 봤자 바뀌는 건 없어." 등과 같은 반응을 보이는 경우가 아주 흔하다. 만약 사람들이 이러한 종류의 반응을 보인다면 변화는 어려울 수밖에 없다.

2. MAKE-IT® REAL

MAKE-IT® REAL

Pinpoint
Critical Few Behaviors
(소수의 결정적 행동 확인)

변화의 실행: Supply-Push가 아닌 Demand-Pull 방식

MAKE-IT® REAL의 단계가 성공적으로 이루어지기 위해서는 기업 내 모든 리더가 변화에 대한 준비가 잘 갖추어져 있어야 한다. 다시 말하면, 무엇을 어떻게 변화시킬 것인지에 대한 준비가 충분히 되어 있어야 한다. 성공적인 변화를 가져오기 위해 필요한 실행 전략이 얼마나 중요한지, 그리고 이 전략을 수립하는 데 있어서 충분한 시간을 갖는 것이 얼마나 중요한지를 리더는 알아야 한다. 어떻게 하는 것이 사람들의 마음을 끌어올 수 있는 가장 좋은 방법일 수 있을까에 대한 고민이 필요한 것이다.

변화 전략을 실행하고자 할 때 대부분의 기업에서는 전통적으로 케스케이딩(cascading)식 접근을 한다. 다시 말해, 변화의 시작을 상위 레벨의 집행부에서 시작해서 차츰 다음 레벨의 단계에서 변화를 시도하는 식의 방법(즉, top-down 방식)을 적용한다. 물론 이런 접근법이 논리적으로 보일 수도 있고 설득력도 있지만, 사실 그 효과는 부정적이다. 이런 방식을 일컬어 'Supply-Push'라고 한다. 이 방식은 변화를 위한 시도가 실패하기 쉬운 가장 큰 원인 이다. 'Supply Push'가 의미하는 것은 변화를 위해 직원에게 무엇 인가 새로운 것을 제시하고, 그것을 따라 하거나 실행하도록 만드 는 방법을 말한다. 다시 말하면, 실행되어야 할 어떤 새로운 것들 이 top-down 방식으로 강요되는 것을 의미한다. 그리고 이것은 사람들이 원하든 원하지 않든, 필요하든 그렇지 않든 관계없이 일 방적으로 진행된다. 그래서 변화에 대한 저항이 심해질 가능성이 있다. 혹은 단지 변화를 받아들이지 않을 때 생길 수 있는 불이익 을 피할 수 있을 만큼만 적당히 받아들이는(적극적으로 새로운 변 화를 받아들이는 것이 아니라) 경향이 나타나기도 한다. 즉, 이러한 방식은 새로운 변화가 성공적으로 정착되는 데 필요한 행동이 충 분히 나타나게 하지는 못한다.

자발적 노력의 중요성에 대해서는 이미 이 책에서 여러 번 언급 하였다. 문제는 어떻게 이러한 자발적 노력이 나타날 수 있게 하 는가에 있다. 사람들이 새로운 변화를 일으키기 위해 자발적으로 노력하지 않는다면 그 변화는 성공하기 어렵다. 그러므로 사람들 에 떠밀려서가 아니라 자발적으로 노력을 할 수 있도록 해 주는 환경을 만들어 주는 것이 가장 중요한 핵심이다. 그렇다면 이러한 환경은 어떻게 만들 수 있는가? 바로 'Demand-Pull'이 필요한 것이다. 만약 사람들로 하여금 새로운 변화에 적극적으로 동조할 수 있도록 하기를 원한다면, 가장 필요한 것은 사람들이 그 변화를 통해 어떠한 새로운 것을 얻을 수 있는가에 대해 알아보는 것이다. 새로운 변화를 통하여 사람들은 각자가 맡은 직무를 수행함에 있어서 어떤 새로운 것을 얻을 수 있는가? 새로운 변화를 통하여 사람들은 회사 생활뿐만 아니라 전반적인 생활에 있어서 어떤 새롭고 좋은 것을 얻을 수 있는가? 변화를 성공적으로 이끌기 위해서는 이러한 질문에 반드시 답해 보아야 한다. 그리고 새로운 변화를 통해 사람들이 얻을 수 있는 것이 긍정적인 것이라면 사람들은 스스로 변화를 위해 자발적인 노력을 하게 될 것이다. 이때, 변화는 회사 상위 리더로부터 'Supply-Push'의 방식이 아닌 직원의 'Demand-Pull'의 방식이 되는 것이다.

물론 'Demand-Pull' 방식 역시 'Supply-Push'와 마찬가지로 조직의 상위 리더십에서 시작될 수밖에 없다. 이것은 변화를 위해 필요한 바람직한 행동을 파악하고, 변화 과정과 절차에 대한 결정과 계획이 조직의 상위 경영진에서 이루어질 수밖에 없기 때문이다. 하지만 'Demand-Pull' 식의 변화가 되기 위해서는 상위 리더가 변화를 위해 필요한 새로운 행동을 만들어 내고 지지해 줄 수 있는 요소가 무엇인지를 파악하고 준비해야 한다. 이와 더불어 부하직원으로 하여금 변화를 통해 얻을 수 있는 좋은 점에 대해 충분히 이해할 수 있도록 해 주는 적극적인 의사소통도 준비해야 한다.

만약 새로운 변화가 가치가 있다면(즉, 의미 있는 새로운 변화와 향상이 있다면, 그리고 새로운 변화를 위한 노력과 투자가 가치가 있다면), 긍정적인 결과가 자연스럽게 나타나게 될 것이다. 회사의 모든 레벨에서 행동상의 변화가 나타날 것이며, 목표로 한 성과도 얻을 수 있을 것이다. 그리고 이러한 전체적인 변화는 회사의 상부에 마땅히 보고될 것이고, 이것은 다음의 두 가지 기능을 하게 된다.

- 상부 경영진이 변화를 위한 노력에 대해 보다 더 적극적인 후원과 격려를 제공한다.
- 회사의 다른 부서(아직 변화를 실행하기 전의)에서도 유사한 긍정적 변화가 나타나게 한다.

3. MAKE-IT® HAPPEN

MAKE-IT® HAPPEN
Activate & **C**onsequate
Desired Behaviors
(바람직한 결과 제공)

MAKE-IT® REAL 단계에서의 핵심은 변화를 위해 필요한 행동을 핀포인팅하는 것이었다. 그렇다면 그다음 단계인 MAKE-IT® HAPPEN 단계에서의 핵심은 이러한 핀포인팅된 행동이 보다 많이 나타날 수 있도록 만들어 주는 것이다. 따라서 변화에 필요한

바람직한 행동이 나타날 때(혹은 바람직한 방향으로 행동이 변화할 때), 이에 대해 많은 지지와 격려를 제공해야 한다. 그렇지 않을 경우, 이 단계는 실패로 돌아가게 된다. 여기서 필요한 것이 바로 다양한 강화인의 제공과 피드백, 그리고 코칭이다. 변화를 위한 실행을 한다는 것이 모든 사람이 쉽게 할 수 있는 것은 아니다. 변화를 위한 실행을 한다는 것은 엄청난 시간과 노력이 필요하다. 사람들과 끊임없이 대화를 해야 하며, 그들을 이해하려는 노력이 있어야 한다. 또한 상대방으로부터 신뢰감을 얻을 수 있어야 하며, 그들을 진정으로 도와줄 수도 있어야 한다. 이 모든 것에서 조금만 부족하여도 변화는 어려워진다.

올바른 행동을 유도하기 위한 다양한 선행자극(Antecedents)을 사용하는 것이 우선 필요하다. 이메일, 전화 또는 SNS 등의 다양한 방법을 이용한 대화를 통해 바람직한 행동을 유도할 필요가 있다. 이러한 대화는 이전에 비해 몇 배는 더 많아야 할 것이다(이 부분이 바로 'Activate' 부분에 해당되며 ABC 모델에서 A에 해당된다.).

그다음으로 필요한 것이 'Consequate' 부분이다. 즉, 바람직한 행동이 나타날 때 다양한 강화인과 피드백을 제공하는 것이 필요하다. 변화가 올 수 있도록 하기 위해 열심히 일하는 사람들의 노력에 대해서 적극적으로 인정하고 격려해 주는 일이 중요해지는 것이다. 새로운 바람직한 행동이 나타날 때 이것을 그냥 넘기는 일이 없어야 하며 반드시 무엇인가를 제공하도록 해야 한다.

새로운 행동이 어떤 때는 격려를 받기도 하고 또 어떤 때는 저지되기도 하는 식으로 일관성 없는 피드백이 제공되어서는 안 된다. 변화에 필요한 새로운 행동이 행해지고 있는 것을 보면 기회가 되는대로 그 행동을 격려해야 한다. MAKE-IT® HAPPEN 단계에서 거의 반드시 나타나지만 변화에 역행하는 행동이 일어나는 경우가 생긴다. 이때는 반드시 그 행동을 저지시켜야 한다.

4. MAKE-IT® LAST

MAKE-IT® LAST

Transfer
Fluency to Sustain Behaviors
(변화된 행동의 유지)

MAKE-IT® 모델의 마지막 단계인 이 단계에서는 처음 3단계(MAKE-IT® CLEAR, MAKE-IT® REAL, MAKE-IT® HAPPEN)에서 이루어 낸 변화와 성과를 확고하게 지키기 위한 단계다. 따라서 이 단계에서 필요한 것은 변화를 통해 나타난 새로운 행동을 지지해 줄 수 있는 시스템을 구축하는 것이다. 보다 구체적으로, 새로운 행동을 지지해 줄 수 있는 보상과 공로인정 시스템(reward and recognition system)이 조직 전반에 걸쳐 일관성 있게 잘 구축되어야 한다. 조직 전반에 걸쳐 새로운 변화와 행동을 유지시키고, 지지해 준다는 것은 조직의 임금 체계, 승진 체계, 포상 체계, 교육 훈련 체계 등 모든 관리 체계를 변화된 새로운 행동을 유지시킬 수 있도록 일관성 있게 조율한다는 의미다. 만약 회사 내에 보상과 공로인정 체계가 변화에 필요한 중요한 행동을 지지해 줄 수 있도록 조율되어 있지 않다면, 그 변화는 실패할 수밖에 없다. 즉, MAKE-IT® 모델의 처음 세 단계를 통해 변화가 성공적으로 나타났다고 할지라도 변화의 중심이 되었던 행동에 대한 장기적이면서도 일관성 있는 지지가 없다면 그 변화는 일시적인 현상에 그칠 수밖에 없다.

독자 여러분이 일하고 있는 회사를 한번 생각해 보시기 바란다. 회사에서 **공식적으로** 중요하다고 생각되는 행동과 **실제로** 지지를 받고 있는 행동이 얼마나 일치하고 있는지를 판단해 보시기 바란다. 〈표 9-2〉에 나와 있는 예를 읽어 보는 것이 아마 판단하는 데

〈표 9-2〉 변화에 대한 지지의 예

공식적으로는…	실제로는…
"다양성을 중요하게 생각한다."	특정 지역이나 학벌을 위주로 승진 기회가 주어진다.
"팀워크는 중요한 것이다."	금전적인 인센티브나 승진은 개인적인 업적에 따라 결정된다.
"우리 회사는 사람들을 아끼고 배려한다."	보너스는 직원들이 얼마나 열심히 일을 했는지는 관계없이 회사가 순이익이 있을 때만 지급된다.
"일과 가족, 그 균형의 유지가 중요하다."	늦게까지 회사에 남아 일하는 것, 주말에도 일하는 것, 휴가 때도 가끔씩 회사와 연락하게 하는 것, 일주일 내내 문자나 이메일을 확인하는 일 등을 하지 않으면 게으른 사람으로 취급한다.
"안전이 최우선이다."	사고의 위험을 무릅쓰고 작업을 우선시하는 사람들을 회사에 충성하는 사람으로 생각한다.

도움이 될 수 있을 것이다.

여러분도 이와 유사한 경험을 해 보았을지 모른다. 만약 이런 경험이 있다면 변화를 시도했을 때 그 변화가 잠시는 반짝 눈에 띌 수 있지만, 정착은 잘 되지 못하는 회사에서 여러분이 근무한 것이라고 볼 수 있다.

다시 한 번 강조하지만, 행동의 변화 없이는 진정한 변화가 올 수 없다. 그리고 행동의 변화는 조직 내 구성원과 조직이 가지고 있는 시스템(임금, 승진, 보상 등등)에 달려 있다. 구성원과 시스템이 행동을 지지하게 되면 그 행동은 유지될 것이고, 지지하지 않는다면 그 행동은 유지되지 않을 것이다.

이 장은 다음의 사례를 소개함으로써 마무리하도록 하겠다. 다음의 사례는 미국의 H 식품회사(케첩으로 유명한)의 CEO로부터 나온 이야기인데, 지금까지 다루어 왔던 MAKE-IT® 모델의 전 과정을 다시 한 번 정리할 기회가 될 것이다.

우리 회사가 가지고 있었던 브랜드의 명성에도 불구하고 우리 회사는 판매, 수익 등과 같은 모든 지표가 급격하게 하락하고 있었습니다. 회사의 전반적인 시스템이 제대로 조율이 되어 있지 않았던 것이지요. 회사의 발전에 도움을 줄 수 있는 사업 아이디어가 제대로 나오지 않고 있었고, 아이디어가 나오더라도 문제의 핵심을 비켜가고 있었습니다.

내가 처음 사장으로 임명되자마자 핵심사업에 뭔가 문제

점이 있었다는 것을 알 수 있었습니다. 우리 회사의 브랜드 명성은 떨어지고 있었고 반대로 경쟁회사는 우리를 제치고 급부상하고 있었습니다. 더욱더 심각한 문제는 우리 회사를 이끌어 갈 수 있는 능력 있는 직원들도 부족했다는 것입니다. 지난 몇십 년 동안 회사는 사람들에 대한, 그리고 사람들이 어떻게 일을 하고 있는지에 대한 관심이 없었으며, 투자도 거의 하지 않았습니다. 솔직하게 말하자면, 우리 회사는 사람들이 일하고 싶어 하는 그런 회사가 아니었던 것입니다. 과거의 이 회사에 대한 직원들의 신뢰감은 그 어느 회사보다 두터웠고 그런 신뢰감이 있었기에 회사가 발전할 수 있었지만 더 이상 그 신뢰감은 없었습니다. 우리는 어떻게든 과거의 신뢰를 되찾아야 했습니다.

이러한 상황에서 회사의 회장이 나에게 원했던 것은 ① 회사의 제품들이 미국 내 가정에서 인정받는 제품으로 다시 부상할 수 있게 하는 것, ② 회사가 가지고 있는 문제점을 해결하는 것, ③ 사업 관련 예측 능력(Predictability of business)을 향상시키는 것이었습니다. 나는 이 세 가지 사항 중 두 번째가 핵심이라고 파악했는데 그 이유는 회사가 가지고 있는 문제점을 해결하게 되면 그 외의 문제는 모두 자동적으로 해결될 수 있었기 때문이었습니다. 그래서 나는 우리 회사의 가장 큰 문제가 사람과 관련된 문제였다고 생각하였기 때문에 가장 먼저 사람들에 대해 무엇인가를 하기로 했습니다.

나는 MAKE-IT® CLEAR 단계에서 회사가 달성해야 할 여섯 가지 목표가 무엇인지를 명확하게 밝히기 위해 많은 시간을 투자하였습니다. 그때 Leslie가 컨설턴트로서 나를 도와주고 있었는데 Leslie의 도움이 정말 컸었습니다. Leslie는 회사가 다시 정상을 회복할 수 있도록 해 주는 사업 방향 설정과 목표 수립에 있어서 대단한 도움을 주었습니다. 그때 세워졌던 가이드라인은 5년이 지난 지금까지도 유용하게 쓰이고 있습니다.

다음 단계인 MAKE-IT® REAL 단계에서는 설정된 사업 방향과 목표를 달성하는 데 필요한 올바른 행동이 무엇인지를 파악하는 데 주력하였습니다. Leslie와의 코칭 첫날, Leslie는 내게 이렇게 말했습니다. "이 일을 성공시키기 위해서 당신은 두 가지 중 한 가지를 선택해야 합니다." 그래서 나는 진지한 태도로 그녀가 하는 말을 받아 적었습니다. 그녀가 "1"이라고 하길래 나도 종이에 "1"이라고 적었고, 그 뒤 "사람을 변화시켜야 합니다."라는 그녀의 말을 그대로 적었습니다. 그리고 "2"라고 그녀가 말했을 때 나도 "2"라고 따라 적었는데, 그 뒤 그녀는 "사람을 변화시켜야 합니다."라고 똑같은 말을 했습니다. 그때 나는 Leslie가 내게 전하고자 하였던 것이 무엇인지를 분명히 깨달을 수 있었습니다. 사람을 변화시켜 가는 일, 그게 바로 내가 해야 할 일이었습니다.

내 직속부하 중 한 사람을 제외하고는 모두 교체되었는데, 교체된 사람들 중 세 사람은 회사 내부에서 발탁하였습니다. 회사 내부에서 발탁한 이유는 회사문화를 변화시킬 필요가 있었으며, 그러기 위해서는 회사를 잘 알고 있는 사람이 필요하였습니다. 나머지 사람들은 우리 회사와 거래를 하고 있는 다른 회사에서 발탁하였습니다. 이 사람들은 회사를 어떻게 운영해야 하는지, 어떻게 하면 시장 경쟁에서 우리 회사가 경쟁력을 가질 수 있게 조직 문화를 변화시킬 수 있을 것인지에 대한 전문적인 지식을 가진 사람들이었습니다.

그리고 회사 본부에는 865명의 직원이 있었는데 나는 도덕적인 측면에서 이 사람들을 모두 교체하고 싶지 않았습니다. 그리고 단지 그 사람들을 교체한다고 해서 문제가 해결될 수 있다고 나는 생각하지 않았습니다. '사람을 변화시킨다'는 관점에서 내가 배운 소중한 교훈은 회사가 어떤 변화를 시도할 때 직원들이 자발적으로 변화에 동참할 수 있도록 해야 한다는 것이었습니다. 회사의 변화로 인해 상황이 어수선했음에도 불구하고 865명 중 500명이 회사에 그대로 남아 있기로 결정한 것은 나로서는 무척 반가운 일이었습니다. 이 500명은 새로운 변화의 프로그램에 따라 변화를 주도해 가는 회사의 핵심 리더십 팀과 뜻을 같이 하고 새로운 변화에 알맞은 방식으로 일을 해 나갔습니다.

"변해야 합니다."라고 하는 말로, 그런 식의 의사전달만으로 직원들에게서 변화를 일으킬 수는 없다는 것을 나는 잘 알고 있었습니다. 변화를 이끌어 가는 우리 핵심 리더십 팀에게도 그런 식의 의사전달만으로는 도움이 되지 않는다는 것을 알고 있었습니다. 우리는 직원들이 과거와는 다르게 변화를 위해 필요한 행동에 대해 풍부한 피드백과 강화를 제공함으로써 그 새로운 행동이 지지받고 있다는 것을 직접 느낄 수 있도록 해 주어야 했습니다(MAKE-IT® HAPPEN). 그리고 그 시작은 나 자신부터 이러한 것을 실행으로 옮기는 것이었습니다.

회사가 많은 사람을 새로이 고용하고 조직을 개편해 나가려고 한다는 것은 사람들이 하고 있는 일과 행동, 그리고 신념 체제를 변화시키는 것을 의미합니다. 이때 회사가 가지고 있는 140년이라는 역사는 도움이 될 수도 있지만 오히려 방해물이 될 수도 있습니다. 오래된 회사 문화가 아주 뿌리 깊게 박혀 있었고, 회사의 각 부서는 서로 융합되지 못하고 있었습니다. 영업 부서는 마케팅 부서와 서로 협조를 하지 못하고 있었고, 마케팅 부서는 R&D 부서와 서로 협조가 되지 않고 있는 식이었습니다.

이런 모든 문제를 해결하기 위해서 우리는 새로운 변화를 일으켜 부서들 간에 서로 융합적 기능을 발휘할 수 있도록 하여 효율적인 회사 운영을 이끌어 내고 궁극적으로는 시장 경쟁에서 이길 수 있도록 하기 위해 노력하였습니다. 여기서 나의 역할은 앞으로 우리가 해야 할 것에 대해 명료하면서도 단도직입적으로 말하는 것이었습니다. 즉, 앞으로 우리는 회사의 생존에 영향을 미칠 수 있는 중요한 것을 다루게 될 것이며, 우리가 현재 가지고 있는 문제점에 대해 서로 솔직하게 인식하고 함께 해결해 나갈 것이며, 회사의 발전

차원에서 조금이라도 긍정적인 성과가 있다면 이에 대한 충분한 인정과 격려가 있을 것이라는 사실을 나는 분명히 하였습니다.

우리 회사가 그동안 어려움을 겪었던 것은 사실 직원들이 제대로 일을 하지 않았기 때문은 아니었습니다. 대부분의 직원은 정말 열심히 일했지만, 회사의 시스템이 이를 지지해 주지 못했기 때문이었습니다. 직원들이 무엇인가 잘못되었다는 것을 알아도 이를 빨리 바로잡지 못하였던 것은 그 문제를 표면화하면 회사로부터 질책을 받는 등의 불이익을 받을 수 있기 때문이었습니다. 직원들의 입장에서는 문제 제기를 통한 해결보다는 침묵하는 것이 본인들에게는 더 나은 결과를 가져왔던 것입니다. 이런 부분에 있어 회사의 문화가 반드시 변화되어야 한다는 것을 나는 절실히 깨달았습니다. 회사가 다시 경쟁력을 갖추기 위해서는 우선 직원들의 행동 패턴을 변화시켜야 했습니다. 특정한 행동의 패턴이 오랜 시간 굳어진 것이 바로 회사의 문화라고 할 수 있으니까요. 우리는 일을 하는 과정에서 나타나는 문제에 대해 사람들이 문제 발생 초기에 문제점을 공론화하고 표면화하는 행동을 우선할 수 있도록 해야 했습니다.

Leslie가 나에게 해 주었던 많은 조언 중에서 나에게 가장 도움이 되었던 것은 "문제를 객관적으로 서술하고, 데이터를 이용하라."는 것이었습니다. 지금까지도 그 조언을 명심하면서 회사의 모임과 미팅에 임하고 있습니다. 사실 숫자는 상당히 정직한 것입니다. 주어진 데이터에 나타나 있는 숫자를 이용하여 상황을 살펴보게 되면 문제점에 대한 비난이 아니라 객관적으로 문제를 파악하게 되는 기회를 가질 수 있게 됩니다. 리더십 팀 역시 현재 나와 같은 방법으로 일을 하고 있는데, 이 모든 것이 MAKE-IT® HAPPEN 단계에서 배운 소중한 가르침이었습니다.

회사의 어떤 모임이나 회의에서든 우리는 "해결해야 할 문제가 무엇인가?"라는 질문에 초점을 맞추려고 합니다. 나는 매일매일 그 말을 떠올리며 일을 하고 있습니다. 나는 이제 우리 회사의 리더십 팀이 우리가 어떤 문제를 해결해 내려고 하는지, 어떤 행동에 대해 우리가 영향을 미치고자 하는지에 대해 명확하게 알고 있다고 생각합니다.

우리가 하고 있는 사업에서 가장 중요한 것은 맛입니다. 다시 말하면 맛이 최고의 승부수가 됩니다. 그래서 우리는 소비자가 우리 상품을 구매하여 보다 나은 경험을 할 수 있도록 하기 위해 꾸준히 우리 회사 제품의 질을 향상시켜 오고 있습니다. 상품의 질뿐만 아니라 고객 서비스 측면에서도 지속적으로 향상을 위한 노력을 해 오고 있습니다. 회사의 가치를 높여 주는 데 기여하지 못하는 비용이 있다면 이를 찾아내고 없애려고 노력해 왔습니다. 그리고 회사의 리더십이 효과적으로 발휘될 수 있도록 하는 데 항상 힘을 쏟고 있습니다. 중요한 것은 이 모든 것이 사람에서 시작되고, 사람으로 끝난다는 사실입니다.

우리 회사를 변화시키고자 했던 노력을 통해 내가 배운 것은 다음과 같이 요약할 수 있습니다.

- 모든 문제가 사람과 관련된 것에서 발생한다는 것을 깨닫는 것이 일단 쉽지 않다. 이것을 깨닫는다고 하더라도 사람을 적재적소에 배치하고 사람이 일을 잘 할 수 있는 환경을 만들어 주지 않는 한 문제 해결은 불가능하다.
- 피드백은 행동을 변화시키는 가장 빠르고 경제적이면서도 효과적인 방법이다. 어떤 모임이 있다면 끝난 후 가능한 즉각적으로 피드백(이메일, 보이스메일, 간단한 메모 같은 것을 통하여)을 제공하도록 노력해야 한다. 피드백을 제공하는 데에는 다양한 효과적인 수단이 있다. 이런 것을 잘 이용할 필요가 있다. 피드백이야말로 모든 것을 성공으로 이끌어 준다.

  사실 내가 사장으로 일하던 초반의 몇 년 동안은 회사 내에 주로 부정적인 피드백이 많았었던 것으로 기억한다. 현재는 전혀 다른 양상을 보이고 있다. 내가 제공하는 피드백은 주로 "아주 좋습니다. 계속 그렇게 해 주십시오. 우리 회사 방침에 맞게 아주 잘하고 있습니다." 혹은 "제가 볼 때는 특히 X와 Y에 있어서 아주 좋은 결과가 있었던 것 같습니다. 어떻게 이렇게 할 수 있었는지요?" 등과 같은 긍정적 피드백을 주로 사용하고 있다.
- 당신이 관리하고 있는 팀을 믿어라. 만약 믿을 수 없다면

새로운 팀을 만드는 것이 현명하다. 신뢰가 핵심이다. 나는 신뢰가 자리잡고 있지 못한 조직에서는 결코 일을 할 생각이 없다. 나는 내 팀을 신뢰할 수 있고, 동시에 팀의 신뢰를 받기를 원한다. 물론 나와 나의 상관과의 관계에 있어서도 마찬가지다. 나는 신뢰에 대해서는 아주 확고한 신념을 가지고 있다.

• 믿고 따를 수 있는 조언자(advisor)가 있어야 한다. 그런 사람을 찾았다면 그 사람의 말에 귀 기울이고 그의 말을 믿어라. 그렇지만 이것이 당신이 결정해야 할 사항을 그 사람에게 넘기라는 것을 의미하는 것은 아니다. 또한 당신이 져야 할 책임을 그 사람에게 넘겨 주라는 의미도 물론 아니다. 흔히 사람들이 "조직의 맨 위에 있는 일은 참 외로운 일이야."라고 말하는 것을 들을 수 있다. 나도 조직의 맨 위에 있는 사람으로서 혼자라고 느낄 때가 간혹 있었는데 그때는 아마도 내가 기댈 수 있는, 그리고 나를 진심으로 생각해 주고 도와줄 수 있는 친구나 조언자가 없었을 때였다고 생각된다.

당시 이 회사의 CEO가 보여 준 노력의 대가는 이후 충분히 나타났다. 2003년 이후 두 자리 숫자의 수익 성장을 계속 이루어 왔고, 2006년에는 제품 판매가 13%나 증가하면서 재무회계상 회사의 기록을 세우기도 했다.

10

변화와 리더십

변화는 변화 그 자체만으로서는 충분하지 못하다. 변화는 그 새로운 변화가 유지, 정착되었을 때 진정한 의미에서의 변화를 이루었다고 할 수 있다.

기업(회사)문화를 변화시키는 것은 사람의 라이프스타일을 바꾸는 것과 유사하다. 예를 들어, 운동이라고는 전혀 하지 않는 사람을 일주일에 적어도 세 번은 운동을 하도록 만드는 것을 한번 생각해 보자. 이러한 변화를 가져오게 하기 위해서는 먼저 운동을 하는 데 도움을 주는 선행조건에 대해 생각해 볼 필요가 있다. 운동을 할 수 있을 장소가 있을 때, 함께 운동을 할 사람이 있을 때, 운동을 하는 목적이 명확히 있을 때, 또는 적당히 짜인 운동 프로그램이 있을 때 등이 좋은 선행조건이 될 수 있다. 그리고 이러한 것들이 잘 준비될 때 변화가 좀 더 용이해질 수 있다.

그러나 이러한 선행조건도 중요하지만 사실 더 중요한 것은 운동으로 인해 나타나게 되는 새로운 결과다. 운동을 계속하게 될지 아닐지는 이러한 결과에 달려 있다고 해도 과언이 아니다. 만약 운동을 할 때 E-TIP의 특성을 가진 결과가 나타난다면 운동을 계속하기는 아주 쉬워진다. 물론 운동을 시작하는 초기에는 주변 사람의 칭찬이나 격려가 많은 도움이 될 수 있다. 그러나 많은 사람이 경험을 통해 알 수 있듯이 어느 정도 운동을 하다 보면 운동의 리듬을 탈 수 있게 되는데, 이것은 운동을 함으로써 자연스럽게 나타나는 좋은 결과를 느끼고 즐길 수 있을 때 가능하다. 그리고 일단 이러한 느낌을 받기 시작하면 운동을 계속하는 것은 훨씬 쉬워진다. 이런 수준에 이르게 되면 운동에 필요한 선행조건이나 주변 사람들의 칭찬이나 격려는 예전만큼의 큰 영향력을 가지지 않는다. 비가 오거나 눈이 오는 날에도 열심히 운동을 하는 사람을 우리는 가끔 볼 수 있다. 아마 이런 사람은 주변 사람의 칭찬이나 격려와 같은 외부에서 오는 결과 때문에 운동을 하는 것이 아닐 것이다. 이런 것보다는 운동을 함으로써 **내면적으로 느낄 수 있는 자연스러운 결과**가 더 큰 영향력을 미치는 것이다. 다시 말하면, 이런 사람은 누가 시켜서 운동을 하는 것이 아니라 스스로 즐길 수 있기 때문에 운동을 하는 것이다. 이것은 우리가 기업 문화를 바꾸는 데 있어서 반드시 생각해야 할 아주 중요한 사실이다. 만약 여러분의 회사에서 직원의 행동에 있어서 과거에 비해 많은 변화가 있기를 원한다면, 그리고 그 변화가 유지되기를 바란다면 이 변화와 관련하여 직원이 무엇인가 스스로 느끼고 즐길 수 있는 것이 있어야 한다는 것이다. 만약 그렇지 못하다면 새로운 변화가 쉽지 않을 뿐만 아니라 변화가 되더라도 유지할 수 없다.

스스로 즐기면서 자발적으로 일을 하는 사람들을 흔히 '주인의식'을 가지고 일을 하는 사람이라고 하는데 이런 현상은 내면적으로 느낄 수 있는 자연스러운 결과에 의해 나타날 수 있고, 이것이 바로 변화의 핵심이다.

리더는 직원들로 하여금 일의 의미를 느낄 수 있게 해야 한다

의미 있는 일이란 무엇인가? 일반적으로 일을 의미 있게 만든다는 것이 일 자체를 변화시키는 것이라고 생각하기 쉽다. 예를 들면, 볼보(Volvo) 자동차 회사에서는 자동차 조립 라인에서 일하는 노동자가 각자가 맡은 극히 일부분의 작업을 매일 동일하게 반복하는 것(예를 들면, 자동차 헤드라이트를 조립하는 것)이 일의 의미를 상실하게 만든다고 보았다. 그래서 노동자가 좀 더 일에 의미를 가지도록 하기 위해 좀 더 다양한 종류의 작업을 할 수 있도록 하였다고 한다(이러한 방법을 소위 Job Enrichment라고 한다.). 즉, 작업의 내용과 과정을 좀 더 다양하게 함으로써 작업에 좀 더 의미를 느낄 수 있도록 한 것이다. 물론 이런 식으로 작업 내용을 변화시키는 것도 일의 의미를 어느 정도는 변화시킬 수 있다. 그러나 이러한 시도에도 한계가 있다. 작업의 내용을 좀 더 다양하게 한다는 것은 그 초기에는 좀 더 의미를 느낄 수 있으나, 이렇게 다양해진 작업 또한 수년 혹은 수십 년에 걸쳐서 계속하게 되면 처음의 새로운 의미를 느끼기가 힘들어진다.

여기서 우리가 명심해야 할 중요한 것은 일의 의미가 일의 종류에 따라 결정되는 것이 아니라는 것이다. 오히려 일의 의미는 사람들이 어떤 종류의 일이든 그 일을 할 때 어떤 결과가 나타나느냐에 달려 있다. 아무리 반복적이고 재미없는 일이라고 할지라도 그 일을 함으로써 나타나는 결과가 긍정적으로, 그리고 즉각적으로 자주 나타난다면 그 일의 의미는 높아지게 된다. 아주 단순하고 반복적인 행위이지만 이러한 행위를 하면서 사람들이 의미를 느낄 수 있는 경우는 아주 많다. 아마 미국의 라스베이거스와 같은 도박 도시에서 슬롯머신으로 도박을 해 본 사람들은 이것을 이해할 수 있을 것이다. 슬롯머신으로 도박하는 것은 행위 자체만을 본다면 동전을 집어넣고 버튼을 누르는 것밖에 없는 아주 단순하고 반복적인, 지루한 행위인 것이다. 그럼에도 불구하고 많은 사람이 이러한 행위를 통해 즐거움을 느낄 수 있는 것은 이러한 행위의 결과 때문인 것이다. 동전을 넣고 버튼을 누를 때마다 그 결과(돈을 따고 잃는)가 즉각적으로 나타나고 있는 것이다. 이런 결과 때문에 사람들은 아주 흥분하게 되는 것이고, 밤을 새면서까지 도박을 하는 것이다.

이와 대조적으로, 사람들이 직장에서 일을 할 때 나타나는 결과는 과연 어떤 것인가? 아마도 눈에 띄는 어떤 결과가 즉각적으로 오는 경우는 극히 드물 것이다. 이것이 바로 직장에서 사람이 각자가 맡은 직무를 수행하면서도 아무런 의미를 찾지 못하는 이유일 것이다.

따라서 어떤 행위가 의미 있도록 만든다는 것은 그 행위를 하는 사람들에게 의미 있는 결과를 제공해야 한다는 말과 동일하다고 할 수 있다. 여기서 중요한 것이 바로 리더의 역할이다. 조직에서 그 구성원이 각자의 직무를 수행하는 것에 있어서 의미를 느낄 수 있느냐의 문제는 리더가 부하직원의 직무 행동에 대해 적절한 결과를 제공하느냐의 문제라고 할 수 있다. 즉, 리더가 해야 하는 가장 큰 도전은 일의 의미를 부여하는 것을 통해 조직의 변화를 가져오고 그 새로운 변화를 정착시키는 일이다.

시스템 분석에 따른 결과(강화인)의 제공

리더는 조직 부서 간의 긴밀한 협조 체제를 구축할 수 있어야 한다. 조직 내의 모든 직무는 그 직무를 수행함에 있어서 다른 직무에 방해가 되어서는 안 된다. 예를 들면, 인사훈련 담당자의 임무가 직원을 충분히 훈련시키는 것이라고 해서 이를 지나치게 강조한다면 타 부서의 업무를 방해하는 결과가 나타나게 될 것이다. 조직을 구성하고 있는 다양한 부서의 임무는 각 부서에서 아주 중요한 것임에는 틀림이 없다. 그러나 흔히 이 임무가 상충하는 경우도 발생할 수 있고, 그래서 리더는 이것을 최소화하여야 한다.
한 조직 내에 임무가 서로 다른 다양한 부서가 있을 경우, 서로의 임무가 상충되지 않게 조정할 수 있는 리더의 능력은 조직의 전반적인 성공 여부와 밀접한 연관성을 가지고 있다. 조직 전체 차원에서의 임무를 완수하는 데 있어서 조직 내 모든 부서가 서로 협조적 관계를 가지고 있지 못하다면 최상의 결과를 이끌어 낼 수 없게 된다. 따라서 조직 내 모든 구성원은 각자가 하고 있는 일이 조직 전체의 시스템적인 측면에서 과연 어떤 가치가 있는지에 대한 생각을 해 볼 필요가 있다. 어떤 경우에 있어서는 조직 내의 어떤 부서의 생산성이 높다는 것이 조직의 다른 부서에 오히려 해가 될 수도 있다. 모든 직무의 수행은 일종의 시스템하에서 이루어져야 한다. 이를테면, 어떤 한 사람이 하는 일은 다른 사람이 또 다른 일을 하는 데 있어서 도움이 될 수 있어야 한다.

조직은 하나의 시스템으로 이해해야 한다. 그리고 그 시스템의 전체 생산성은 가장 약한 부분에 의해 결정된다. 말하자면 어떤 시스템에 병목(bottle neck)현상이 있다면, 이것이 그 시스템의 전체 생산성을 결정한다. 이런 상황에서는 더 많이 **생산하는 것이 더 좋은 것이 될 수 없다.** 이것을 조직 관리 차원에서 해석해 보자면, 만약 어떤 사람, 팀 혹은 부서가 생산하는 것이 그 조직에 있어서 병목현상을 일으키고 있다면, 그들이 생산하고 있는 것에 대해 긍정적으로 생각해서는 안 된다는 것이다. 이러한 시스템적인 차원에서의 판단은 바로 리더의 몫이다.

변화와 그 정착은 신뢰감 형성에서 시작된다

신뢰감이란 무엇인가? 그리고 신뢰감은 어디서 오는 것인가?

제3장에서 알아본 ABC 모델에서의 선행자극(Antecedents)과 결과(Consequences)의 관계성이 바로 신뢰감을 결정한다. 이를테면, 어떤 사람이 말한 대로(Antecedent) 결과(Consequence)가 나타난다면, 이 사람은 다른 사람으로부터 신뢰를 받게 되고, 반대로 말한 대로 결과가 나타나지 않는다면 신뢰를 받지 못한다. 리더의 말 한마디가 중요한 이유가 바로 여기에 있다. 만약 리더가 부하직원에게 열심히 일하면 좋은 결과가 있을 테니 열심히 일하라고 말했다면, 그리고 부하직원이 리더의 말대로 열심히 일을 했더니 좋은 결과가 나타났다면, 부하직원은 그 리더를 신뢰하게 될 것이다. 만약 반대로 열심히 일했음에도 불구하고 리더의 말대로 좋은 결과가 나타나지 않았다면, 부하직원은 그 리더를 불신하게 될 것이다. 그리고 이 불신은 회사에 대한 불신으로까지 이어지기 쉽다. 아마 독자 여러분도 이와 유사한 경험이 있을 것이다. 여러분이 신뢰하는 사람과 불신하는 사람과의 경험을 한번 돌이켜보기 바란다. 아마도 여러분이 불신하는 사람은 그 사람이 말했던 것과 행동했던 것이 달랐거나 그 사람이 말한 대로 행동했을 때 그에 따른 결과가 나타나지 않았기 때문이라는 것을 알게 될 것이다.

그렇다면 리더가 부하직원으로부터 신뢰감을 얻기 위해서는 어떻게 해야 하는가? 신뢰감을 얻기 위해 어떤 특별한 훈련이나 세미나 참석과 같은 것이 필요하지는 않다. 다만, 스스로 말한 것을 지키거나 말한 대로 결과가 나오도록 하면 신뢰감은 형성되는 것이다.

리더와 부하직원 간의 원활한 커뮤니케이션이 되지 않아 문제가 되는 조직이 있다면 그 조직은 신뢰감에 있어서의 문제가 있다고 생각하면 틀림이 없다. 커뮤니케이션이 잘 되지 않는다는 것은 리더가 제공하는 정보와는 다르게 일이 진행되는 경우가 많았다는 것을 말해 준다. 그렇기 때문에 부하직원은 리더가 제공하는 정보를 '신뢰'하지 않게 되는 것이며 이 신뢰감의 부재가 서로 간의 '커뮤니케이션'이 되지 않는 것으로 나타나는 것이다.

사람들이 안전수칙을 지키지 않는 이유도 여기에 있다. '안전제일' '안전우선' 등의 표어 등을 보면서도 사람들이 안전에 대해 소홀하게 하는 이유는 안전수칙을 지키지 않더라도 불이익이 없었고, 안전 위주의 행동을 하더라도 이에 대한 어떠한 보상이 없었기 때문이다. 이러한 상황에서는 아무리 안전의 중요성에 대해 강조하더라도 사람들은 이를 '신뢰'하지 않는다. 마찬가지로 리더가 회사를 위해 열심히 일해 달라고 아무리 강조하더라도 리더가 약속했던 열심히 일한 대가가 없었다면 리더의 말은 '신뢰'받지 못한다. 아무리 변화가 필요하다는 것을 리더가 강조하더라도 과거에 변화에 따른 약속이 지켜지지 않았다면 직원은 변화에 동참하지 않는다. 아마도 처음 변화가 시도되었을 때에는 어느 정도의 변화가 올 수도 있었을 것이다. 그러나 이런 변화는 일시적일 수밖에 없으며 정착될 수는 없다.

결국, 리더가 해야 할 중요한 역할은 부하직원에게 비전을 제시하고 그 비전에 따라 부하직원이 노력할 때 그에 합당한 결과가 나타나도록 해 주는 것이다. 우리는 흔히 이순신 장군, 넬슨 제독,

맥아더 장군과 같은 전쟁 영웅에 대해 언급한다. 그 이유는 그들의 리더십에 있다. 그리고 리더십은 리더에게 있는 것이 아니라 바로 리더를 따르는 추종자에 있는 것이다. 리더가 제시한 비전을 추종자가 기꺼이 따른다면, 그래서 좋은 결과를 가져온다면, 그 리더는 훌륭한 리더인 것이다. 여러분의 말 한마디에 부하직원이 일사불란하게 움직인다면 그것은 여러분이 제시한 비전 혹은 방향으로 부하직원이 행동을 한 결과가 좋았었다는 것을 말하는 것이고, 이미 여러분은 훌륭한 리더인 것이다. 여러분이 비전과 목표를 제시했을 때 부하직원이 그 목표와 비전을 달성하기 위해 스스로 방법을 찾아 나가거나 자발적인 노력을 기울이고 있다면 여러분은 이미 훌륭한 리더인 것이다. 여러분이 훌륭한 리더일 때, 변화는 가능한 것이며, 또 그 변화가 정착될 수 있다.

11

적용 사례

CIGNA Health Care

CIGNA Health Care는 2006년 J. D. Power가 수여하는 콜센터 운영 분야의 "An Outstanding Customer Service Experience"상을 수상하는 미국 최초의 건강 보험회사가 되었다. 이 상은 어느 그룹에게나 대단한 명예가 되겠지만 CIGNA Health Care의 서비스 담당 직원들에게는 특별히 의미 있는 업적이었다.

이 상을 수상하기 4년 전만 해도 이 회사는 새로운 테크놀로지를 이용하여 회사의 인프라(Infra structure)를 완전히 개선하였음에도 불구하고 많은 문제가 발생하였다. 새로운 테크놀로지를 들여왔음에도 불구하고 직원들의 생산성은 오히려 급격하게 떨어졌고, 이에 따라 소비자 불만 또한 그 전보다 심하게 나빠졌던 것이다.

이에 회사는 새로 도입했던 테크놀로지를 6개월에 걸쳐 부분적 수정을 시도하였고 새롭게 직원을 고용하는 등 빠른 변화를 시도하였다. 이러한 시도는 어느 정도 성공하였다. 그러나 이러한 새로운 변화도 바라던 만큼의 좋은 성과를 내지는 못하였다. 가장 큰 문제점은 직원들이 변화된 새로운 테크놀로지를 충분히 이용하지 않고 있었고, 과거에 사용하였던 방법에 계속 의존하고 있었다는 점이다. 이러한 직원들의 행동은 기술적인 측면에서의 투자가 가져올 수 있었던 성과를 반감시키고 있었다.

이러한 상황에서 CIGNA Health Care는 CLG(Continuous Learning Group)를 고용하였는데, CLG는 새로운 변화를 이끌어 내는 데 있어서 가장 필요한 것은 직원들의 **행동의 변화**라고 진단하였다. 회사의 생산성을 향상시키는 데 있어서 필요한 것은 기술적인 측면에서의 변화뿐만 아니라 이러한 기술적 측면에서의 변화를 직원들이 받아들이고 이용하는 **변화된 행동이 필요하다는 진단**이었다. CLG는 이러한 문제를 해결하기 위하여 Performance Catalyst®라는 절차를 적용하였는데, 이 절차의 핵심적인 내용은 이 책 전반에 걸쳐 소개하였던 IMPACT SM 모델을 이용하는 것이었다.

이러한 절차를 적용함에 있어서 가장 중요한 첫 번째 단계는 성과를 가져오게 하는 데 있어서 결정적 역할을 하게 되는 중요 행동(High-Impact Behaviors SM)을 파악하는 것이었다. 이 단계에서 올바른 행동을 핀포인팅한다는 것은 이후 모든 단계에서의 성공을 결정하는 중요한 일이라고 할 수 있다. 이를 위해 CLG의 컨설턴트뿐만 아니라 CIGNA Health Care의 직원, 감독자, 리더 격에 있는 많은 사람이 올바른 행동의 핀포인팅을 위해 서로 토의하여 최종적으로 중요 행동을 핀포인팅 할 수 있게 되었다.

그다음 단계로서 CLG의 Performance-Based Leadership(PBL®)

훈련을 실시하였는데, 이 훈련은 앞서 핀포인팅한 행동을 직원들이 지속적으로 할 수 있도록 하기 위해 필요한 기술을 습득시키는 과정이었다. 이 과정에서 관리자들은 직원들이 핀포인팅된 행동을 할 때 ABC의 원리에 맞게 적절하게 코칭을 할 수 있도록 해 주는 훈련 과정이 주를 이루었다. 보다 구체적으로 말하자면 직원들의 적절한 행동을 할 수 있도록 선행자극을 제시해 주고(A), 이에 따라 적절한 행동이 나타나게 되면(B), 이에 대한 피드백과 결과(C)를 제공해 주는 능력과 기술을 습득할 수 있게 해 주는 훈련이라고 할 수 있다. 상호 간의 양방적 피드백은 이 과정에서의 필수적인 과정이라고 할 수 있으며, 이 회사에 정착되어 수행되는 정기적 활동이 되었다. 직원들은 감독자로부터 항상 수행 관련 자료를 요청하여 받아 볼 수 있었으며 감독자는 수행에 방해가 되는 요소를 제거하기 위해 꾸준히 노력하였다.

이러한 IMPACT^{SM} 모델의 실행은 CIGNA Health Care에서 이미 시행 중이던 다른 주도 프로그램과 더불어 실행되었는데 그 누적 효과가 매우 컸다. 이에 따라 2005년 CIGNA Health Care는 IMPACT^{SM} 모델의 실행을 회사의 더 많은 다양한 분야에 확대 실시하게 되었다.

설문조사를 통해 본 CIGNA Health Care의 보험금 청구, 전화서비스에 대한 소비자의 만족도는 다른 경쟁사에 비해 월등하게 높은 것으로 나타났는데, 2005년에는 CIGNA Health Care가 Top 10에 들어가는 보험회사로 부상할 수 있었다.

J. D. Power & Associate Certified Call Center Program에 대한

좀 더 자세한 내용이 알고 싶다면 www.jdpower.com을 방문해 보기 바란다.

Canadian National Railway

다음의 사례는 Canadian National Railway라는 철도회사가 ABC 개념을 이용해 엄청난 비용 절감을 이루어 내었던 사례다.

Canadian National Railway(CN)는 대부분의 철도회사가 가지고 있었던 전형적인 문제점을 가지고 있었던 철도회사에서 몇 년 만에 북미대륙에서 가장 뛰어난 모범적인 철도회사로 거듭났다. 이 엄청난 변화를 끌어낸 것은 ABC 개념의 적용이었다.

이 사례는 비용 절감 문제와 관련되어 있었는데, 컨테이너가 입게 되는 손상에 따른 비용을 줄이는 문제였다. 이 회사의 다섯 가지 가장 중요한 임무 중에 하나가 바로 비용 절감이었으며, 이 비용 절감은 회사의 수익과 밀접한 관련이 있었다.

수송 중 컨테이너가 손상을 입게 되면 이 손상에 책임이 있는 쪽에서 비용을 감당하도록 되어 있었는데, 그 비용이 만만치 않았다. 따라서 어떤 철도회사든 트럭에 실려오는 컨테이너를 기차에 싣기 전에 손상이 있는지의 여부를 잘 검사하는 것이 아주 중요한 작업이었다. CN의 시카고 터미널에서 이 검사 과정에 ABC의 개념을 적용하여 상당한 성과(한 달간 250,000달러 절감)를 거두었던 것이다. 만약 시카고 터미널 이외의 다른 지역 터미널에서도 이러한 성과를 거둘 수 있다면 회사 전체적으로 그야말로 놀라울 정도의 경제적 이득을 가져올 수 있었다.

시카고 터미널의 최고 관리자였던 Bruce Bierman에 의하면 터미널로 들어오는 컨테이너를 비디오카메라를 이용하여 검사한다고 하는데, 검사관들은 모니터를 통해 컨테이너를 검사하고 손상이 있을 때 이에 대한 보고서를 작성한다고 한다. 그러나 CN은 2004년 전반기까지만 해도 다른 철도회사와 비교해 보았을 때 컨테이너 손상과 관련된 비용을 가장 많이 지불한 회사였다. 이 말은 다른 회사에 비해 손상된 컨테이너를 제대로 검사하는 경우가 매우 적었다는 것이고, 한 달에 겨우 4,000~5,000달러 정도의 비용을 절감하는 수준밖에 되지 않았다.

그러나 2004년 6월부터 ABC 모델을 이용하여, 이 문제에 대해 접근하였다. 조사관들로 하여금 컨테이너 손상에 대한 그들의 조사 작업에 있어 좀 더 나은 관찰, 판단, 기록을 할 수 있도록 지도하였으며, 비디오카메라 관찰의 향상을 위한 훈련도 실시하였다. 그리고 조사관들이 좀 더 정확하게 그때그때의 컨테이너 정보를 얻을 수 있도록 도착하는 트럭이 지체 없이 작업할 수 있게 절차상의 변화도 함께 이행하였다(ABC 모델에서 A의 활용에 해당됨).

이후, 관리자들은 어디서 무엇이 잘못이 있는지를 파악하여 개선이 필요한 부분에 대해 코칭을 통해 조사관들을 지도하였는데, 조사관들 각자가 하는 일, 즉 그들의 노력이 회사에 어떤 결과를 가져오는지에 대해 이해할 수 있도록 하였으며, 업무수행이 뛰어난 조사관에 대해서는 그 노력에 대한 인정을 해 주었다(ABC 모델에서의 C에 해당됨).

이러한 과정을 통해 손상된 컨테이너를 발견하는 건수가 평소에 비해 6배 늘어난 결과를 가져오게 하였고, 이는 시카고 지역의 다른 철도회사와 비교하였을 때 가장 우수한 성과였다. 이 놀라운 성과는 거의 1년 동안 계속 되었는데, 2005년 5월부터 점점 성과가 떨어지기 시작했다. 이에 다시 작업 과정과 행동을 분석하여 무엇이 문제인지를 찾아내려고 하였다.

분석 결과, 또 다른 종류의 행동변화가 필요한 것으로 파악되었다. 즉, 카메라를 통한 검사 과정과 더불어 조사관들이 실제로 컨테이너를 직접 살펴보는 행동이 필요하다는 결론에 도달하였다. 이러한 직접 검사는 카메라를 통해 발견할 수 있는 건수보다 훨씬 많은 컨테이너 손상을 발견할 수 있도록 해 주었다. 그리고 이러한 변화(이전의 6배 증가에서 50배 증가)는 재정적으로 상당한 비용 절감 효과(월 250,000달러)를 가져왔다.

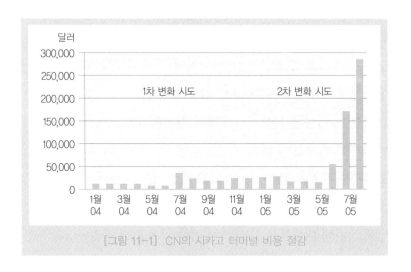

[그림 11-1] CN의 시카고 터미널 비용 절감

에너지 회사

세계적으로 알려져 있는 한 정유 회사의 아프리카 사하라 사막에 위치한 한 정유소에서는 안전, 환경, 유틸리티 등을 포함한 여러 분야에서 많은 문제가 있었다. 이 정유소를 제대로 관리하는 것은 그때 당시로서는 상당한 어려움이 있었다. 그 정유소에는 조업 정지 및 조업 재개가 연이어 일어나고 있었고, 그 외에도 작업장에서의 부상 및 환경과 관련한 사건들이 터지고 있었다. 감사에 의해 밝혀진 바로는 숙련된 작업능력을 가진 기술자들의 이직률도 높은 것으로 나타났다. 이 모든 문제에 의해 용납할 수 없을 수준의 안전 평가 점수가 나타나고 있었고, 이에 따라 수익률도 떨어지고 있었으며, 회사 내의 공동체 의식도 대단히 나빴다. 변화가 절실한 상황이었다.

이러한 문제를 해결하기 위해 본사에서는 새 관리자를 보내게 되었는데, 이미 밝혀진 많은 문제점 이외에도 이 관리자가 파악한 또 다른 문제점은 노조원들이 경영진을 적으로 생각하고 있다는 사실이었다. 정유소 직원들과 거래업자들은 시설 곳곳을 오가면서도 작업모, 보호안경 등의 안전장치를 착용하지 않고 돌아다니는 것이 일상화되어 있었다. 그런데 문제는 안전장치를 착용해야 한다는 규칙을 알고 있었음에도 불구하고 그 규칙을 따르는 것을 게을리 하고 있다는 점이었다.

이러한 상황에서 그 새 관리자와 관리팀은 "기본으로 돌아가

자" 라는 캠페인을 벌이면서 사람들이 경영진을 불신하게 되는 상황을 개선하고자 하는 노력도 펼쳐나갔다. 기본 원칙을 바로 세워 나가야 하는 것의 중요성을 강조하였고, 세계적 수준에 해당되는 수행을 벤치마킹하고, 이를 회사의 현재 수준과 비교하여 어느 정도의 차이가 있는지도 파악하였다. 그러나 이러한 노력에도 불구하고 문제는 충분히 해결되지 않았다. 6개월이 지난 후에도 안전 상황은 개선되지 않았고 환경 문제는 오히려 더 나빠진 상태였다.

이런 상황에서 이 정유소가 문제 해결을 위해 CLG를 고용하였는데, CLG는 문제 해결을 위해 Performance-Based Leadership(PBL®) 프로그램을 적용하였다. 이 프로그램의 핵심적인 내용은 각 부서의 리더가 부하직원의 바람직한 행동을 만들어 내기 위한 ABC 모델을 실행으로 옮기는 것이었다. 예를 들면, 안전행동을 할 수 있게 해 주는 선행자극(A)을 제공하고, 이에 따라 안전행동이 나타날 경우(B), 이에 대한 피드백(C)을 제공해 주는 리더의 행동이 나타날 수 있도록 코칭하였다. 이와 더불어 행동 변화에 대해 관찰/측정하고, 이와 관련된 측정 지표를 산출하여 모든 부서의 리더와 자료를 공유하였다.

이러한 과정을 통하여 많은 향상이 있었으나, 수준 미달의 수행을 해 오던 그 정유소가 단번에 세계 수준의 수행을 이루어 낼 수 있을 것이라고 기대하지는 않았다. 대신, 여러 단계의 하위 목표를 세우고 각 하위 목표를 달성해 나갈 때마다 그다음 높은 수준의 목표를 달성해 나가는 조형(shaping) 과정을 적용하였다. 한 예로 안전에 있어서의 궁극적인 목표는 100%이지만 일단 첫 번째 목표를 정유소 직원과 거래업자의 사고율을 50%로 잡고 그 목표를 달성하기 위해 노력해 나갔다. 그리고 이 목표가 달성되면 그다음 높은 목표를 세우고 이를 달성하기 위해 노력하였다.

8개월이 지난 시점에서는 정유소 매니저들과 감독관의 90%가 회사가 세웠던 행동 목표를 달성하게 되었고, 결과 목표 또한 85%를 달성할 수 있었다. 일선 감독관들과 중간 매니저들도 성공적으로 목표를 달성해 가고 있었다(예: 정유소 작업자 100%가 작업 중 안전 보호 장치를 착용하고 있었고, 환경과 관련한 사고들 역시 줄어들면서 산업 기준이 요구하는 수준보다 단축 속도가 빨라졌다.). 이후 몇 개월이 지나지 않아 PBL® 코칭 프로그램에 힘입어 사고발생률이 한 해 동안 높아 봐야 2건 정도의 수치를 나타냈는데, 이는 목표했던 수준보다 훨씬 좋은 성과였다.

다음의 내용은 최종 결과를 간략히 정리한 것이다.

- 환경오염 물질 70% 감소
- 놀랄 만한 근로 의욕 상승: 노동조합의 불만이 100에서 0으로 떨어짐
- 가동률(utilization)의 현격한 증가
- 사고 비용 75% 감소

영국의 정유회사

다음 글은 영국의 한 정유회사를 운영하였던 Brian이라는 사람의 글이다. 이 글의 내용은 Brian이 리더십과 관련된 중요한 것을 우연치 않게 그 부하들로부터 배운 것에 대한 내용이다. 다시 말하면 리더십이 회사의 성과에 어떠한 영향을 미칠 수 있는지에 대한 내용인 동시에 부하직원의 '자발적 행동'을 끌어내는 데 어떻게 영향을 미칠 수 있는지에 대한 내용이다.

저는 영국에서 정유회사를 운영하고 있었던 적이 있는데 그때 한 번의 경험이 내 인생을 바꾸어 놓았습니다. 그때는 모든 것이 어려운 상황이었고, 경영진 전원이 회사가 문을 닫는 것을 어떻게든 피하려고 모든 노력을 기울이고 있었을 때였습니다. 상황은 어려웠으나 그 해는 회사의 창립 100주년이 되는 해였고, 경영진에서는 상황이 어렵기는 하지만 회사의 창립기념일에 무엇인가 해야 한다는 결정을 내리고 1,000명의 직원을 위해 1인당 30파운드(약 60달러)에 해당하는 돈, 즉 3만 파운드를 회사 창립기념일을 위해 사용하도록 하였습니다. 일선 근로자 중에서 몇몇 사람을 뽑아서 이 돈을 주고 어떤 식으로든 회사 창립기념일을 축하하기 위한 행사에 이 돈을 사용하라고 하였습니다. 솔직히 말한다면 저는 그 당시 창립기념일을 축하하는 일에는 전혀 마음이 가질 않았고, 회사가 일주일 후에 여전히 존재할 수 있을지를 걱정하고 있을 정도였습니다.

과연 그 몇몇 일선 근로자들이 무엇을 했을까요? 이 사람들은 미국에서 흔히 잘하는 카운티페어(county fair)와 같은 일종의 행사를 마련하였습니다. 그런데 이 행사에 무려 5만 명의 사람이 모였습니다. 도저히 믿을 수 없는 수의 사람이었습니다. 이 행사를 통해 우리 근로자들은 회사에서 받은 3만 파운드를 이용해서 무려 100만 파운드를 벌어들였습니다. 솔직히 말하자면 우리 경영진은 우리 근로자들에게 하루에 근로자 스스로 무엇인가 할 수 있도록 1인당 2.5파운드를 제공해 준 적도 없었습니다. 이런 상황에서, 우리 근로자들이 경영진으로부터의 아무런 방향 설정이나 지시 사항도 없이 자기 자신들의 판단과 의도에 따라 이와 같은 행사를 계획하고 실행했던 것입니다. 정말 믿을 수 없는 일이었습니다.

그래서 나를 포함한 우리 경영진은 우리 근로자들이 어떻게 이런 일을 해낼 수 있었는지에 대한 분석을 시도하였는데, 분명하게 나타난 사실은 우리가 예상도 하지 못했던 이런 일을 우리 근로자들이 해 낼 수 있었던 이유가 바로 그들이 가지고 있었던 **능력을 최대한 발휘할 기회**가 있었다는 것입니다. 우리 회사에서 일과 관련해서는 그들에게 이러한 기회가 제공된 적이 없었습니다.

이러한 경험을 한 후로, 저는 어떻게 하면 우리 근로자들이 그들의 능력을 최대한 발휘할 수 있게 해 줄 수 있을지에 대해 생각했었습니다. 우리 근로자들이 성공적인 행사를 할 수 있었던 이유를 정리해 보면 다음과 같습니다.

- 행사를 성공시킬 수 있었던 것은 근로자들 스스로가 행사에 대해 그 결과까지도 책임지는 주인의식을 가졌기 때문이었다.
- 동료들부터의 기대와 긍정적 피드백이 있었다.
- 경영진에서 아무런 간섭을 하지 않았는데, 오히려 이것이 그들의 행사 계획 수립 및 실행 관련 행동에 긍정적 영향력을 미쳤다. 일과 관련해서는 주로 부정적 코멘트가 많았었는데, 아무런 코멘트를 하지 않았던 것이 오히려 긍정적으로 작용하였다(솔직히 말하면, 내가 그 행사 계획에 대해 미리 알았더라면 실현 가능성이 없는 행사라는 부정적인 코멘트를 했을 것이 틀림없다는 생각이 든다.).

말하자면, 우리 근로자들은 결과에 대한 책임감까지를 스스로 느끼면서 소위 '자발적 직무수행(Discretionary Performance^{SM})'을 한 것이었다. 만약 일에 있어서도 우리 경영진이 근로자들을 앞서 말한 행사 준비에서처럼 해 준다면 일에 있어서도 자발적으로 행동하지 않았을까? 만약 근로자들이 그들이 기울이는 노력의 정도와 그 성과 간의 관계성을 알 수 있도록 해 준다면 보다 많은 근로자들이 '자발적 행동'을 하게 되지 않았을까? 물론 이 질문에 대한 저의 현재 답은 망설임 없이 '그렇다'입니다. 현재 저는 자발적 행동이 나올 수 있는 환경을 만들어 주는 것의 중요성을 이해하고 있는 리더입니다. 물론 환경을 그렇게 만들어 주는 것이 그렇게 쉬운 일만은 아닙니다. 왜냐하면 이렇게 하기 위해 저 스스로도 고쳐야 할 행동이 여전히 많기 때문입니다. 그러나 저는 우리 회사를 위해, 그리고 회사에서 일하고 있는 우리 근로자들과 제 자신을 위해 그렇게 하려고 노력하고 있습니다.

앞의 사례에서 우리가 배워야 할 점을 정리하면 다음과 같다.

- 사람들은 간혹 묻혀 있는, 발견되지 않은 능력을 가지고 있을 수 있다. 리더로서 해야 할 일 중의 하나는 바로 그 묻힌 능력을 밖으로 끌어내기 위한 환경을 조성해 주는 것이다.
- 어떤 직장(기업)에서의 환경이라는 것은 근로자들의 행동에 대해 제공하는 결과(긍정적/부정적)에 의해 정의될 수 있다. 이러한 환경이 '자발적 행동'이 발현되지 못하게 하거나, 최소한의 주어진 임무만을 수행하는 소극적 직무 행동을 하도록 만들고 있을 수도 있다.
- 만약 근로자들이 동료뿐만 아니라 경영진으로부터의 체계적이면서도 바람직한 피드백을 제공받을 수 있다면 더 큰 성과가 있을 수 있다.
- 만약 경영진이 성공적 결과를 가져오는 데 기여할 수 있는 행동을 사전에 핀포인팅해 주고 이를 체계적으로 관리한다면 더 큰 성과를 가져올 수 있다.
- 핵심은 많은 근로자가 '올바른 행동'을 할 수 있도록 환경을

조성해 주고 '자발적 행동'이 나오는 것을 방해하는 요인을 어떻게 제거해 주느냐에 달려 있다.

국내 S건설 행동기반 안전 관리(BBS) 적용 사례

S건설사는 안정적으로 건설, 건축 사업을 수주하는 국내 중견 건설회사다. 하지만 2007년부터 현장에서의 사고 발생 빈도가 증가하기 시작하였으며, 2008년에는 6건의 중대 재해로 인한 근로 손실 230일, 그리고 1건의 사망사고가 발생하는 어려움에 직면하였다. 이 사고 발생으로 인한 직접비용뿐만 아니라 공사 입찰 제한 및 기업 이미지 하락 등 직간접적인 손실이 발생하였다.

S건설은 안전문화 향상을 위한 방안으로 사고 원인 분석 및 후속 대책 수립을 실시하였으며, 현장 관리자들과 안전 관련 담당자들이 사고 원인 및 대책에 대하여 정기적으로 공유할 수 있도록 하였다. 또한 직원들의 안전 의식을 높이기 위한 안전교육을 강화하였다. 그러나 이러한 노력은 금방 한계에 직면하였으며, S건설은 여전히 사고가 빈번하게 발생하였다. 따라서 사고 발생 빈도를 줄이고 안전문화를 구축하기 위해 S건설은 행동기반 안전관리(Behavior-Based Safety: BBS) 컨설팅을 의뢰하였다.

이 책의 저자 오세진 교수와 그가 이끄는 BBS 컨설팅 팀은 약 3년간 S건설 9개 현장을 대상으로 BBS 컨설팅을 시행하였다. 컨설팅 초기에 기업 환경 분석을 실시한 결과, 우리는 사고 예방을 위한 S건설의 다양한 노력에도 불구하고, 사고율이 줄어들지 않은 이유를 규명할 수 있었다.

먼저 S건설의 경영진은 안전에 대해 충분히 몰입하고 있지 않았다. 물론 경영진은 '안전을 제일 우선시하는 작업 현장'을 실현하도록 현장 관리자들에게 요구하였지만, 실제 현장 관리자들은 경영진으로부터 공정 기간 내에 작업을 완수해야 하는 시간적 압박에 시달리고 있었으며, 생산성 향상을 위해 안전이 무시되는 조직 문화가 자리 잡고 있었다. 두 번째는 안전 리더십의 부재였다. S건설 관리자들은 그들이 해야 하는 최소한의 안전 관리만을 시행하려 하였으며, 안전을 위해 강력한 리더십을 발휘해야 하는 이유와 방법을 모르고 있었다. 따라서 S건설의 현장은 자율적 안전관리가 실현되는 문화보다는 수동적으로 최소한의 안전관리를 실시하는 안전문화가 조성되어 있었다. 이외에도 건설업의 특징으로 인한 잦은 작업 인원의 교체 및 하도급 관리의 어려움 또한 체계적인 안전관리를 실현하는 데 있어 장애물이었다.

S건설을 대상으로 시행한 Behavior-Based Safety(BBS)는 전 세계 1,000여 개 이상의 글로벌 회사가 시행하고 있는 최신 안전관리기법으로, 이 책의 주된 내용인 응용행동과학에 기반을 둔 안전관리 프로그램이다. BBS는 사고 발생의 주된 원인인 불안전 행동을 체계적으로 관리하고, 안전 행동을 유발할 수 있도록 돕는 과학적 방법이다. 따라서 BBS의 핵심은 안전 절차와 전략을 실행하는 근로자의 행동과 이를 관리하는 관리자들의 안전 리더십 행동을 변화시킴으로써 안전 성과와 문화를 변화시키는 것이다.

BBS는 작업 환경 및 조건에 따라 시행 방법이 조금씩 달라질 수 있으나, 일반적으로 [그림 11-2]에서처럼 다섯 가지 요소를 포함하고 있다. 이 중 BBS의 필수 요소로는 작업자 및 관리자들의 안전 관련 핵심 행동의 도출(High-Impact Behaviors[SM]), 행동 관찰 시스템의 구축 및 체계화, 그리고 행동에 대한 피드백의 제공(안전 리더십)을 꼽을 수 있다. 우리는 S건설의 환경 및 상황에 맞추어 3년 동안 9곳의 건축 및 토목공사 현장에 〈표 11-1〉과 같은 절차로 BBS를 단계적으로 시행하였다.

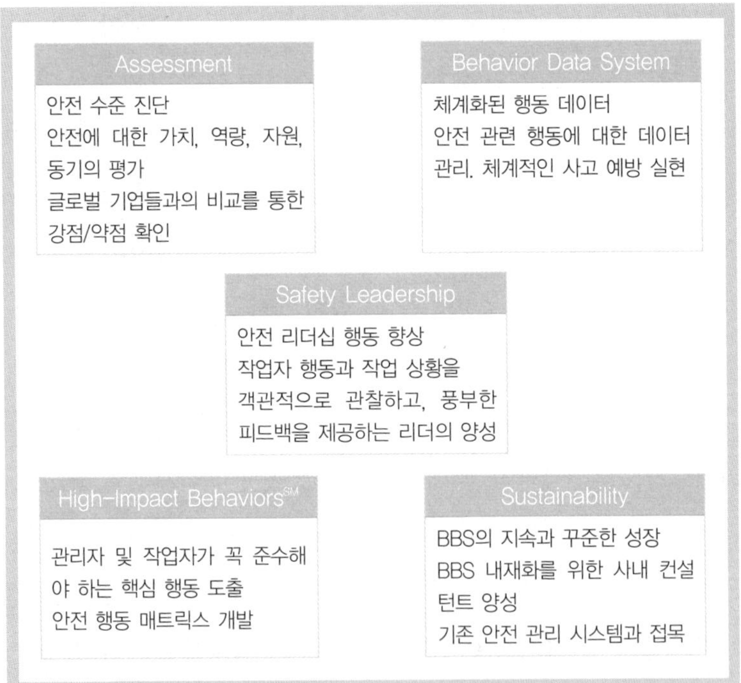

Assessment
안전 수준 진단
안전에 대한 가치, 역량, 자원, 동기의 평가
글로벌 기업들과의 비교를 통한 강점/약점 확인

Behavior Data System
체계화된 행동 데이터
안전 관련 행동에 대한 데이터 관리. 체계적인 사고 예방 실현

Safety Leadership
안전 리더십 행동 향상
작업자 행동과 작업 상황을 객관적으로 관찰하고, 풍부한 피드백을 제공하는 리더의 양성

High-Impact Behaviors[SM]
관리자 및 작업자가 꼭 준수해야 하는 핵심 행동 도출
안전 행동 매트릭스 개발

Sustainability
BBS의 지속과 꾸준한 성장
BBS 내재화를 위한 사내 컨설턴트 양성
기존 안전 관리 시스템과 접목

[그림 11-2] BBS의 다섯 가지 요소

차원	단계	진행 내용
조직 차원	사전 준비	경영 및 임원진들의 BBS에 대한 몰입 결정 및 공유 현 조직의 안전수준 평가 안전에 대한 우선순위 결정 BBS 워크숍 시행 및 지원
현장 실행	Step 1	현장의 안전 시스템 확인 직급별 핵심 안전 행동(High-Impact Behaviors^{SM}) 도출 행동 관찰 체크리스트 개발
	Step 2	중요 행동에 대한 기존 안전 수준 파악
	Step 3	개인별 액션 플랜 수립
	Step 4	안전 행동 목표 설정
	Step 5	행동 관찰 및 부하/작업자 코칭
	Step 6	행동 변화에 대한 긍정적/건설적 피드백 제공
	Step 7	목표 달성에 따른 축하, 인정, 보상

BBS 도입으로 인한 컨설팅 효과는 기대 이상이었다. 먼저 작업자들의 안전 행동 수준이 큰 폭으로 향상되었다. 컨설팅을 시행한 9곳 현장의 평균 안전 행동 수준을 살펴보면, 컨설팅 이전 평균 56%에 머물던 안전 행동(안전 장비 착용, 작업장 정리정돈, 올바른 과업 수행 등)이 약 30% 향상하여 평균 86%까지 증가하였다. 이로 인하여 기업의 안전 수준이 큰 폭으로 개선되었다. S건설은 컨설팅 시행 이전 2년 동안 중대 재해가 평균 6건 발생하고 있었다. 그러나 컨설팅 이후 안전사고가 단 한 건도 발생하지 않았으며, 이로 인하여 안전공단으로부터 2010년 우수안전사례 기업으로 선

정되었다. 무엇보다도 중요한 변화는 안전문화와 리더십의 변화였다. 컨설팅 이후 실시한 설문조사에 따르면 안전에 대한 작업자들의 인식이 크게 변화되었다. 또한 경영진 및 관리자들은 안전문화 달성을 위해 무엇을 어떻게 변화시켜야 하는지 알게 되었으며, 효율적으로 안전문화를 달성하는 방법을 습득할 수 있었다.

찾아보기

저자 소개

오세진(Oah She-zeen)

저자는 미국 Western Michigan University 심리학과에서 응용행동분석 (applied behavior analysis) 박사학위를 취득하였다. 현재 중앙대학교에서 심리학과 교수로 재직하고 있으며, 미국 CLG(Coutinuous Learning Group) 컨설팅 회사의 자문으로도 활동하고 있다. 저자는 한국에서는 생소한 분 야인 응용행동분석에서 첫 번째 박사학위를 취득하였으며, 이 분야의 개 념과 원리를 한국 사회에 적용하기 위해 노력해 왔다. 특히 응용행동분석 을 기초로 한 조직관리, 안전관리 분야에서 많은 연구와 프로젝트를 수행 해 왔으며, 학문적인 활동뿐만 아니라 다양한 현장에서의 활동도 병행하 고 있다.

행동을 경영하라
-행동변화를 통한 성과 창출-

Manage Behaviors
-Achieving Business Success through Behavioral Change-

2016년 3월 15일 1판 1쇄 발행
2016년 5월 20일 1판 2쇄 발행

지은이 • 오세진
펴낸이 • 김진환
펴낸곳 • (주) **학지사**

　　　　04031 서울특별시 마포구 양화로 15길 20 마인드월드빌딩
대표전화 • 02-330-5114　　팩스 • 02-324-2345
등록번호 • 제313-2006-000265호

홈페이지 • http://www.hakjisa.co.kr
페이스북 • https://www.facebook.com/hakjisa

ISBN 978-89-997-0892-3 03180

정가 14,000원

이 도서의 국립중앙도서관 출판시도서목록(CIP)은 서지정보유통지원
시스템 홈페이지(http://seoji.nl.go.kr)와 국가자료공동목록시스템
(http://www.nl.go.kr/kolisnet)에서 이용하실 수 있습니다.
(CIP 제어번호: CIP2016003061)

●┄┄┄┄┄┄┄ 교육문화출판미디어그룹 **학지사** ┄┄┄┄┄┄┄●

심리검사연구소 **인싸이트** www.inpsyt.co.kr
원격교육연수원 **카운피아** www.counpia.com
학술논문서비스 **뉴논문** www.newnonmun.com